中華人民共和國簡史

繪圖本

張士義 / 著

開 明 書 店

中華人民共和國簡史（繪圖本）

責任編輯：陳　軍
裝幀設計：鍾文君
印　　務：林佳年

著者　　張士義

出版　　開明書店
　　　　香港北角英皇道 499 號北角工業大廈一樓 B
　　　　電話：(852) 2137 2338　傳真：(852) 2713 8202
　　　　電子郵件：info@chunghwabook.com.hk
　　　　網址：http://www.chunghwabook.com.hk

發行　　香港聯合書刊物流有限公司
　　　　香港新界大埔汀麗路 36 號
　　　　中華商務印刷大廈 3 字樓
　　　　電話：(852) 2150 2100　傳真：(852) 2407 3062
　　　　電子郵件：info@suplogistics.com.hk

印刷　　深圳市彩之欣印刷有限公司
　　　　深圳市福田區八卦二路 526 棟 4 層

版次　　2020 年 4 月初版
　　　　© 2020 開明書店

規格　　16 開（226mm×150mm）

ISBN　　978-962-459-185-9

本書由人民東方出版傳媒有限公司授權出版

目錄
C O N T E N T S

籌建新中國　1949.3.5—9.30

1949.3.5
中共七屆二中全會在河北平山縣西柏坡村舉行。

1949.3.25
中共中央及其所屬機構由西柏坡遷往北平。

1949.6.30
毛澤東發表《論人民民主專政》一文。

1949.9.21
中國人民政治協商會議第一屆全體會議召開。

1949.9.30
各界人士在天安門舉行人民英雄紀念碑奠基禮。

開國奠基　1949.10.1—1950

1949.10.1
毛澤東在北京天安門城樓上宣告中華人民共和國中央人民政府成立。

1949.10
中華人民共和國海關總署成立。

1949.12—1950.2
毛澤東主席、周恩來總理訪問蘇聯,簽訂《中蘇友好同盟互助條約》。

外國在華軍事特權被全部取消。

北京、天津和上海先後收回或徵用美國、英國、法國、荷蘭在該地的兵營地產。

1950

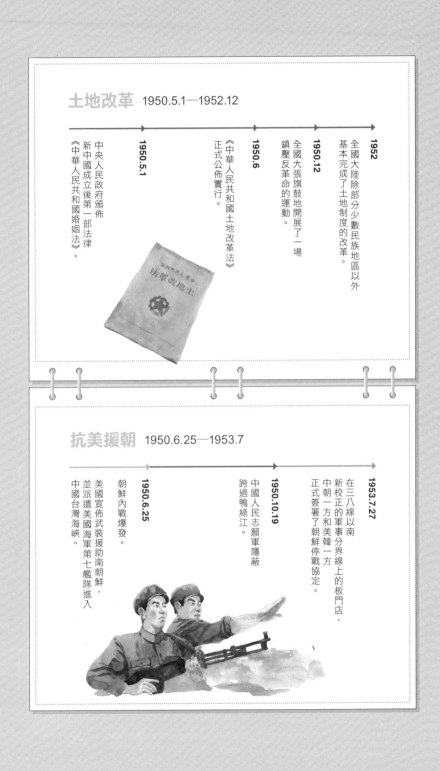

土地改革 1950.5.1—1952.12

1952
全國大陸除部分少數民族地區以外基本完成了土地制度的改革。

1950.12
全國大張旗鼓地開展了一場鎮壓反革命的運動。

1950.6
《中華人民共和國土地改革法》正式公佈實行。

1950.5.1
中央人民政府頒佈新中國成立後第一部法律《中華人民共和國婚姻法》。

抗美援朝 1950.6.25—1953.7

1953.7.27
在三八線以南新校正的軍事分界線上的板門店，中朝一方和美韓一方正式簽署了朝鮮停戰協定。

1950.10.19
中國人民志願軍隱蔽跨過鴨綠江。

1950.6.25
朝鮮內戰爆發。美國宣佈武裝援助南朝鮮，並派遣美國海軍第七艦隊進入中國台灣海峽。

恢復重建 1949—1952.12

1949 年底
中國基本恢復了原有的鐵路網。

1950
中國共產黨
進行了一次整風學習。

1951.2
中共中央政治局提出「三年
準備，十年計劃經濟建設」
戰略思想。

1952.12
整個國民經濟得到
全面恢復和初步發展。

第一章
CHAPTER ONE

歷史新紀元

‧‧‧

　「沒有共產黨，就沒有新中國。」在中國共產黨堅強領導下，中國人民經過 28 年的浴血奮戰，終於推翻了壓在自己頭上的帝國主義、封建主義、官僚資本主義這「三座大山」，取得了新民主主義革命的勝利，實現了民族獨立和人民解放。1949 年 10 月 1 日，中華人民共和國宣告成立，從根本上結束了國家戰亂頻仍、四分五裂的局面，改變了中國社會的發展方向。中國人民從此成為新社會新國家的主人，中華民族以嶄新的姿態屹立於世界民族之林，中國歷史開始了新紀元。

‧‧‧

籌建新中國

　　1949 年 3 月 5 日至 13 日，中共七屆二中全會在河北平山縣西柏坡村舉行。

　　全會着重討論了中國共產黨的工作重心的戰略轉移，即工作重心由鄉村轉移到城市的問題。黨要立即開始着手建設事業，一步一步地學會管理城市，並將恢復和發展城市中的生產作為中心任務，城市中的其他工作，都必須圍繞着生產建設這個中心工作並為這個中心工作服務。

◎　西柏坡

◎ 政協第一屆全體會議

　　全會強調中國的民主革命是偉大的，但是勝利以後的路程更長，工作更偉大、更艱巨。提醒全黨要警惕驕傲自滿、以功臣自居的情緒的滋長，警惕資產階級用糖衣裹着的炮彈的攻擊，全黨務必繼續地保持謙虛、謹慎、不驕、不躁的作風，務必繼續地保持艱苦奮鬥的作風。全會還根據毛澤東的提議，作出禁止給黨的領導者祝壽和用黨的領導者的名字作地名等規定。

　　七屆二中全會後，3 月 25 日，中共中央及其所屬機構由西柏坡遷往北平。

　　按照七屆二中全會的精神，開始了新政治協商會議的籌備工作。6 月，籌備會第一次會議在北平召開，成立了以毛澤東為主任的新政協籌備會常務委員會，全面展開籌建新政權的工作。毛澤東在會議開幕時豪邁地說：「中國人民將會看見，中國的命運一經操在人民自己的手裏，中國就將如太陽升起在東方那樣，以自己的輝煌的

◎ 中華人民共和國國歌

光焰普照大地，迅速地蕩滌反動政府留下來的污泥濁水，治好戰爭的創傷，建設起一個嶄新的強盛的名副其實的人民共和國。」

6 月 30 日，毛澤東發表題為《論人民民主專政》的重要文章，指出：「總結我們的經驗，集中到一點，就是工人階級（經過共產黨）領導的以工農聯盟為基礎的人民民主專政。」我們要經過人民共和國，由農業國進到工業國，由新民主主義社會進到社會主義社會和共產主義社會。

人民政協是共產黨領導的以工農聯盟為基礎的人民民主統一戰線的組織形式。9 月 21 日，中國人民政治協商會議第一屆全體會議在北平中南海懷仁堂隆重開幕。參加政協的有中國共產黨、各民主黨派、無黨派人士、各人民團體、人民解放軍、各地區、各民族以及國外華僑的代表，共 662 人。在普選的全國人民代表大會召開前，政協全體會議代行全國人民代表大會的職權。

代表們興高采烈，毛澤東更是掩飾不住內心的喜悅。他在開幕詞中說出了一段至今令中國人民難以忘懷的話：「諸位代表先生們，我們有一個共同的感覺，這就是我們的工作將寫在人類的歷史上，

它將表明：佔人類總數四分之一的中國人從此站立起來了。」

　　會議自始至終洋溢着熱烈歡慶、團結協商的氣氛。經過討論，會議通過了《中國人民政治協商會議共同綱領》。《共同綱領》是中國人民的大憲章，在一個時期內起着臨時憲法的作用。

　　會議通過了中央人民政府組織法，一致選舉毛澤東為中央人民政府主席，朱德、劉少奇、宋慶齡、李濟深、張瀾、高崗為副主席，周恩來、陳毅等 56 人為中央人民政府委員。隨後，中央人民政府委員會任命周恩來為政務院總理兼外交部長。

　　會議決定北平為中華人民共和國首都，將北平改名為北京；採用公元紀年；在中華人民共和國的國歌正式確定前，以《義勇軍進行曲》為代國歌；國旗為五星紅旗，象徵全國人民在共產黨領導下的大團結。

　　9 月 30 日，中國人民政治協商會議第一屆全體會議勝利閉幕。

　　在革命勝利的時刻，人們沒有忘記為革命而獻身的先烈。9 月 30 日晚，天安門廣場莊嚴肅穆，各界人士在這裏舉行了人民英雄紀念碑奠基禮。

◎ 人民英雄紀念碑

開國奠基

　　1949 年 10 月 1 日，中華人民共和國宣告成立。這是中國有史以來最偉大的事件，也是 20 世紀世界最偉大的歷史事件之一。

　　這一天，新定為首都的北京有 30 萬軍民在天安門隆重舉行慶祝中央人民政府成立典禮。毛澤東主席莊嚴宣告中央人民政府為代表中華人民共和國全國人民的唯一合法政府。他親自按動電鈕，升起

◎ 中華人民共和國成立

◎ 舊中國千瘡百孔，民不聊生

共和國的第一面五星紅旗。

開國大典過後，中央人民政府各工作部門在原華北人民政府各機構的基礎上，整建制地建立起來，並立即開始工作。政府機構負責人員的選定，都經過各方面的充分醞釀，反覆協商，包括了中國共產黨、各民主黨派、各少數民族、海外華僑和其他愛國民主分子等許多方面的優秀代表人物、知名人士和專家，體現了中國共產黨團結各民主黨派、各民主階級和國內各民族的統一戰線政權的特點。

新中國成立之初，中國共產黨面臨着許多困難和考驗。

軍事上，解放戰爭還沒有完全結束，國民黨還有上百萬軍隊在西南、華南和沿海島嶼負隅頑抗；在新解放區，大批國民黨殘餘力量同當地惡霸勢力相勾結，以土匪遊擊戰爭的方式破壞人民政權。

經濟上，新中國繼承的是一個十分落後的千瘡百孔的爛攤子，工農業生產萎縮，交通梗阻，物資匱乏，民生困苦，舊社會遺留下來的惡性通貨膨脹仍然困擾着經濟生活。

隨着中國人民革命的勝利，中國共產黨成為在全國範圍執掌政權的黨，不僅要在全新的任務面前學會全新的本領，更重要的是在

執政和從事和平建設的全新歷史條件下，繼續保持同人民群眾的血肉關係，繼續保持實事求是、謙虛謹慎和艱苦奮鬥的優良傳統，不被權力、地位和資產階級的捧場所腐蝕，這對共產黨的隊伍是一個嚴峻的考驗。

面對複雜形勢和困難，中共中央和中央人民政府確定以恢復和發展生產為中心，領導全國人民團結一致，努力醫治戰爭創傷，為鞏固新生政權、建設新中國進行了卓有成效的鬥爭。

遵照《中國人民政治協商會議共同綱領》的要求和人民革命軍事委員會的統一部署，中國人民解放軍以窮追猛打的磅礡氣勢，向國民黨殘餘軍事力量展開了最後的圍殲。到 1950 年 6 月，共殲滅殘存的國民黨正規軍 128 萬餘人，收編改造 170 餘萬起義投誠人員，使整個人民解放戰爭消滅國民黨軍隊的總數達到 807 萬餘人，解放

◎ 西藏和平解放

了除西藏、台灣、香港、澳門和少數幾個海島以外的全部中國領土。

1951 年，中央人民政府同西藏地方政府達成關於和平解放西藏辦法的協議（簡稱《十七條協議》），西藏獲得和平解放。

隨着人民解放軍的勝利進軍，在各新解放區迅速建立軍事管制委員會作為臨時的過渡性政權，接管國民黨的一切公共機關、產業和物資，鎮壓反革命的破壞活動，組織恢復生產，並組建地方各級人民政府。新區地方人民政府一經建立，就與人民解放軍一起進行了大規模的剿匪作戰，到 1950 年 6 月，共殲滅國民黨土匪武裝近百萬人，初步穩定了社會秩序。

中國革命的勝利，結束了百餘年來舊中國的屈辱外交史，使中國以獨立自主的嶄新面貌出現於世界。1949 年 10 月到 1950 年 1 月，中華人民共和國先後與蘇聯和歐亞十多個人民民主國家建立了外交關係。

1949 年 12 月至 1950 年 2 月，毛澤東主席、周恩來總理訪蘇，同蘇聯簽訂《中蘇友好同盟互助條約》，解決了兩國重大歷史遺留問題，並用法律的形式把兩國的同盟關係固定下來。中蘇結盟是新中

◎ 毛澤東、周恩來訪問蘇聯

國成立後採取的重大外交行動，對當時的國際格局產生了深遠影響。

1950 年至 1951 年，新中國同印度等四個亞洲民族獨立國家以及瑞典、丹麥、瑞士和芬蘭四個歐洲資本主義國家建立了外交關係。通過與這些國家建交，新中國向周邊國家傳達了睦鄰友好的信息，向世界昭示了「一個中國」的原則，邁出了打破美國遏制和孤立新中國的重要一步。

在廢除帝國主義與中國簽訂的不平等條約的基礎上，中央人民政府在全國範圍內有秩序地進行了取消帝國主義在中國的一切特權的工作。

◎　（上）中國海關總署成立
◎　（下）收回外國在中國的軍事特權

首先收回了外國帝國主義曾擁有的海關管理權、在華駐軍權和內河航行權。這三項權利對中國主權的損害最大，是中國半殖民地地位的象徵。

1949 年 10 月，中國海關總署成立；中央人民政府公佈《中華人民共和國暫行海關法》和新的海關稅則，並由國家管制對外貿易，實行進出口許可制度。中國海關由此完全掌握在中國人民自己手中。

1950 年 1 月至 9 月，北京、天津和上海先後收回或徵用美國、

英國、法國、荷蘭在該地的兵營和地產。外國在華軍事特權被全部取消。

1950 年 7 月，中央財經委員會發佈關於統一航運管理的指示，規定外輪一般不准在內河航行，同時對在華外輪公司實行逐步接管。中國領水主權也全部恢復。

對於外國政府、私人和團體在中國設立的宣傳機構，在城市接管中即開始清理。隨後，中國政府宣佈不允許外國人繼續在中國興辦報紙和雜誌，停止與中國無外交關係的外國通訊社和記者的活動。

對於外國人經辦或接受外國津貼的文化、教育、衛生、救濟等機構，暫時允許它們在遵守中國政府法令的前提下繼續存在。

為使新生人民政權在經濟上從而在政治上站住腳跟，新中國成立伊始的一項緊迫任務，就是制止通貨膨脹和物價上漲，穩定經濟形勢，建立新民主主義的經濟秩序，形成各種經濟成分在國營經濟領導下分工合作、各得其所的基本經濟格局。

隨着對城市的接管，各地軍管會採取「自上而下，原封不動，整套接收」的辦法，共沒收 2400 多家官僚資本銀行和 2858 個官僚資本企業歸國家所有，隨之建立起社會主義性質的國營經濟。凡屬有關國家經濟命脈和足以操縱國計民生的經濟事業，已通過沒收官僚資本基本掌握在國家手中，成為全體人民的公共財產。國營經濟作為國民經濟中的領導力量和人民民主國家主要的經濟基礎，為國家調節各種非公有制經濟成分，組織恢復生產事業提供了有力的物質手段，並決定着社會經濟的性質和發展前途。

新中國成立之初，新解放地區工礦企業大都遭到不同程度的破壞，給生產事業的恢復帶來極大的困難。中國共產黨要求全心全意地依靠工人階級，動員一切社會力量為恢復生產而奮鬥。國營工礦

◎ 第一套人民幣

◎ 消除通脹、穩定物價

企業一經建立，就站到了恢復生產事業的第一線；具有光榮鬥爭傳統的中國工人階級，成為恢復工業生產的主力軍，擔負起建設新中國的重任。與此同時，中國共產黨和人民政府精心領導了穩定物價和統一財經的重大鬥爭。進城之初，人民政府即發佈以人民幣為唯一合法貨幣，嚴禁金條、銀元、外幣自由流通的法令，但許多投機資本家置若罔聞，繼續擾亂金融市場。上海的投機商甚至揚言：解放軍進得了上海，人民幣進不了上海。為此，各新解放城市首先進行了取締銀元投機的鬥爭，上海市軍管會果斷地查封了金融投機的大本營「證券大樓」。武漢、廣州等城市也嚴厲取締所謂銀元兌換店或地下錢莊，沉重打擊了破壞金融的非法活動。緊接着，不法投機商又大量囤積糧食、棉紗、棉布和煤炭，鬧抬價格，擾亂市場。有的國民黨特務叫囂：只要控制了兩白（米、棉）一黑（煤），就能置上海於死地。鑒於此，中央人民政府精心部署了「米棉之戰」，在全國範圍內組織糧食、棉紗、棉布、煤炭的大規模集中調運，當物價上漲最猛的時候，全國各大城市按照中央的統一部署敞開拋售，使物價迅速下跌；同時收緊銀根，使投機商因資金周轉失靈而紛紛破產。由此，取得了限制資產階級和資產階級反限制鬥爭的第一個回

合的勝利。社會主義的國營經濟初步取得穩定市場的主動權。

　　為了從根本上消除通貨膨脹、穩定物價，1950 年 3 月，政務院頒佈《關於統一國家財政經濟工作的決定》，決定統一全國財政收入，統一全國物資調度，統一全國現金管理。同時，政府還採取緊縮編制、清理倉庫、加強稅收、發行公債、節約開支等措施。自 3 月以後，財政收支接近平衡，通貨膨脹停止，物價日趨穩定。穩定物價和統一財經的工作是新中國成立後在財政經濟戰線上一個具有重大意義的勝利，為穩定人民生活、恢復和發展工農業生產，創造了有利條件。這個勝利，使國內外那些懷疑共產黨能搞好經濟的人們不能不表示敬佩，歎為「奇跡」，從而證明中國共產黨不僅在軍事上是無敵的，在政治上是堅強的，在經濟上也是完全有辦法的。

　　1950 年 6 月，中共七屆三中全會在北京召開。毛澤東作了題為《為爭取國家財政經濟狀況的基本好轉而鬥爭》的書面報告，這也是中央向全黨和全國人民提出的當前階段的中心任務。會議指出，中國財政經濟狀況已經開始好轉，但這還不是根本的好轉，要獲得根本的好轉，要用三年左右的時間，創造三個條件，即：土地改革的完成，現有工商業的合理調整，國家機構所需經費的大量節減。毛澤東在會上還作了《不要四面出擊》的講話。他指出：我們目前面臨的敵人是夠大夠多的，必須處理好同各階級、各民主黨派、知識分子和少數民族之間的關係，以便孤立和打擊當前的主要敵人，而不應四面出擊，樹敵太多，造成全國緊張的不利局面。

　　七屆三中全會是新中國成立初期中共中央的一次最重要的會議，為國民經濟恢復時期中國共產黨的工作規定了明確的行動綱領和策略路線。

◎　《不要四面出擊》

土地改革

◎ 解放區土地改革

按照中共七屆三中全會的部署，從 1950 年下半年起，在廣大新解放區有領導、有秩序地開展了大規模的土地改革運動。

舊中國以地主土地所有制主導的土地制度，嚴重束縛社會生產力的發展，是造成國家貧困落後的主要根源，是中國實現工業化的根本障礙。為在中國徹底廢除封建土地制度，1950 年 6 月 30 日，《中華人民共和國土地改革法》正式公佈實行。從中央到地方各級都組織了土改工作隊，分批深入各地農村，發動和帶領廣大農民群眾同地主階級作堅決的鬥爭。在充分準備的基礎上，一場歷史上空前規模的土地改革運動，在涉及幾億人口的廣大新區農村轟轟烈烈地展開。為了不影響農業生產的正常進行，各地的土改運動一般在冬春的農閒時節進行。

新區的土地改革大體分三個階段進行：發動群眾、劃分階級、沒收和分配土地財產。之後是進行複查，動員生產。根據恢復和發展生產的中心任務和新中國成立後形勢發生的重大變化，這次土地改革在政策上與中華人民共和國成立前有所不同：對富農，由過去徵收富農

◎ 1953 年土改完成，農民拿到土地證　　◎ 1954 年康藏公路、青藏公路建成通車

多餘的土地財產改為保存富農經濟；對地主，限制了沒收其財產的範圍；對小土地出租者，提高保留其土地數量的標準。實行這些政策，為的是更好地保護中農，有利於分化地主階級，減少土地改革運動的阻力，並有利於穩定民族資產階級。歸根到底，是為了有利於生產的恢復和發展。

　　到 1952 年底，全國大陸除部分少數民族地區以外基本完成了土地制度的改革。國家從經濟上對翻身農民給予支持，宣佈實行低農業稅率，公糧一律按常年產量計徵；組織國營貿易公司和農村供銷合作社，及時收購農民生產的農副產品，供應農民急需的生產資料和生活資料，並向農民發放各種農業信用貸款。廣大農民在確定地權，獲得土地和生產資料後，掀起群眾性的生產高潮。以農民個體所有制為基礎的小生產「像千年古樹開新花」，一般在土地改革完成後的第一年就獲得了豐收。如糧食、棉花、油料等主要農產品的產量，1951 年比 1950 年分別增長 8.6%、44.8%、21.8%；1952 年又比 1951 年分別增長 14.1%、26.5%、15.8%。增長幅度超過了以往的任何歷史時期。

在約有 3000 萬人口的少數民族地區，由於經濟結構、政治狀況和社會歷史條件有許多不同於漢族地區的特點，土地關係中存在複雜的民族關係和宗教關係。中央分別不同情況，實行「堅持民主團結、慎重穩進」的方針以及更加緩和的步驟和政策，使少數民族地區陸續實現了民主改革。考慮到西藏地區歷史與現實的複雜情況，中央決定由西藏地方政府自動進行改革，同意西藏在第二個五年計劃期間（1958—1962 年）仍可以不進行民主改革。後來由於 1959 年西藏上層統治集團發動武裝叛亂，中央在平叛過程中，應廣大農奴和上層愛國人士的要求，才開始在西藏地區進行民主改革，於 1960 年 10 月基本完成，消滅了中國大陸上最後殘留的封建制度。

　　全國範圍內土地改革的基本完成，消滅了封建制度的經濟基礎和

◎　西藏農奴

◎ 鎮壓反革命

地主階級，使廣大農民獲得了土地等生產資料，擺脫了千百年來封建宗法的人身束縛，極大地解放了農村生產力，促進了農村經濟迅速走向恢復和發展。土地改革作為億萬人民群眾爭取民主的偉大運動，為新中國逐漸走向進步奠定了深厚的群眾基礎，這是近代以來中國人民反封建鬥爭的一個歷史性界碑。

以土地改革為中心，中國共產黨和人民政府還在全社會範圍領導開展了包括社會生活許多方面的民主改革。

中國共產黨和人民政府高度重視鎮壓反革命的工作。1950 年 10 月 10 日，中共中央發出《關於鎮壓反革命活動的指示》，要求各地全面貫徹「鎮壓與寬大相結合」的政策，對罪大惡極的反革命首要分子，堅決鎮壓。從 12 月開始，全國大張旗鼓地開展了一場鎮壓反革命的運動。運動打擊的重點，是土匪（匪首、慣匪）、特務、惡霸、反動會道門頭子和反動黨團骨幹分子。1953 年秋，鎮壓反革命運動全部完成，基本上掃除了國民黨留在大陸的殘餘勢力。曾經猖獗一時的匪禍，包括舊中國歷代都未能肅清的湘西、廣西土匪，以及許多城市的黑社會勢力，基本被肅清。原來直接騎在人民頭上的「東霸天」「西霸天」被徹底掃除，有力地調動了人民群眾參加土地改革和生產建設的積極性。

隨着國營企業陸續建立起黨、團、工會組織，從 1950 年起，國營工礦交通企業逐步開展民主改革。各廠礦廢除了工人群眾深惡痛絕的封建把頭制和侮辱工人的搜身制等，清除了隱藏在企業內部的反革命分子和封建殘餘勢力，加強了工人階級內部的團結，並吸收工人參加

工廠管理，逐步實行企業管理民主化。通過民主改革，廣大職工群眾「搬掉了頭上的石頭」，真正翻身作了國家和企業的主人，大大提高了生產積極性。

◎ 中華人民共和國婚姻法

涉及全社會的一項民主改革，是改革舊的婚姻制度。1950 年 5 月 1 日，中央人民政府頒佈了新中國的第一部法律《中華人民共和國婚姻法》，廢除包辦強迫、男尊女卑、漠視子女利益的封建婚姻制度，實行保障男女婚姻自由的新民主主義婚姻制度。結合《婚姻法》的公佈，全國城鄉開展了廣泛的宣傳教育活動，封建包辦婚姻和壓迫摧殘婦女的現象受到法律的制約和全社會的譴責。這是幾千年來中國社會家庭生活的偉大變革，有效地推進了婦女的解放。

取締舊社會遺留的賣淫嫖娼、販毒吸毒、聚眾賭博等各種醜惡現象，當時也帶有民主改革的性質。經過兩三年的努力，這類舊中國的不治之症、在西方國家也屢禁不絕的社會禍害，在中國共產黨和人民政府的領導下，基本上被禁絕。新中國匡正社會風氣、淨化社會環境的有力舉措和顯著成績，獲得社會各界的擁護和稱讚，被稱為「古來稀事」。

經過民主改革，從農村到城市，從工廠、學校到社會各界、各階層人民的精神面貌煥然一新，反映了從舊中國到新中國的深刻社會變革，為恢復和發展國民經濟創造了良好的群眾基礎和社會環境。

抗美援朝

  正當中國人民努力為恢復國民經濟而奮鬥的時候，1950 年 6 月 25 日，朝鮮內戰爆發。美國總統杜魯門立即作出強硬反應，宣佈武裝援助南朝鮮，並派遣美國海軍第七艦隊進入中國台灣海峽。未滿周歲的新中國，面臨着外部侵略的嚴重威脅。

  6 月 28 日，周恩來發表聲明，強烈譴責美國對台灣的侵略，是對聯合國憲章的徹底破壞。他代表中國政府宣佈：不管美帝國主義採取任何阻撓行動，台灣屬於中國的事實永遠不能改變。中國人民

◎ 抗美援朝

必將萬眾一心，為解放台灣而奮鬥到底。

9月15日，美軍在朝鮮西海岸仁川登陸，截斷南進的朝鮮人民軍的後路，並準備越過三八線，吞併全朝鮮。9月30日，周恩來發出嚴正警告：「中國人民決不能容忍外國的侵略，也不能聽任帝國主義者對自己的鄰人肆行侵略而置之不理。」並通過印度駐華大使轉告美國政府：朝鮮事件應該和平解決；如果美軍企圖越過三八線，擴大戰爭，中國決不能「坐視不顧」。但是，美國政府無視中國人民的決心和力量，令美軍繼南朝鮮軍之後越過三八線，向朝鮮北方大舉進犯，把戰火燃向中國東北邊境。在戰爭形勢急劇惡化的情況下，朝鮮民主主義人民共和國首相金日成向中國共產黨和中國政府提出「出兵援助」的請求。至此，中國人民同美帝國主義之間的一場武裝較量已不可避免。

當時，新中國經濟恢復剛剛開始，長期戰爭的創傷尚待養息，財政狀況困難，人民政權還沒有完全鞏固，無論經濟實力或武器裝備都遠不能同美國相比。但是，從維護國家主權和領土完整的根本原則出發，毛澤東主持中央政治局會議慎重討論，反覆權衡，一致得出「應當參戰，必須參戰，參戰利益極大，不參戰損害極大」的結論。10月8日，毛澤東主席發佈命令，將東北邊防軍組成中國人民志願軍，任命彭德懷為司令員兼政治委員，待命出動。同日，周恩來趕赴蘇聯，向斯大林和蘇共中央通報中國共產黨討論朝鮮戰爭問題的情況，並同蘇方就武器供給和空中掩護等問題進行磋商。18日晚，毛澤東向志願軍下達入朝作戰的正式命令。

1950年10月19日黃昏，中國人民志願軍隱蔽跨過鴨綠江。在入朝之初，志願軍即果斷捕捉戰機，給長驅直入的敵軍以出其不意的打擊，將敵人從鴨綠江邊趕到清川江以南，取得第一次戰役的勝

◎ 志願軍跨過鴨綠江

利。11 月,「聯合國軍」司令麥克阿瑟發動所謂「聖誕節結束戰爭」的攻勢,繼續大規模北犯。志願軍同朝鮮人民軍聯合反擊,包圍殲滅和重創大批敵軍,再戰告捷。12 月,中朝軍隊收復平壤及三八線以北敵佔區,並進至三八線以南部分地區,扭轉了朝鮮戰局。此後,敵我雙方又進行了互有進退攻守的三次大的戰役:1951 年初,中朝軍隊發起全線進攻,突破「聯合國軍」在三八線的設防,一度解放漢城,將敵驅逐至三十七度線附近,但第三次戰役未能大量地殲滅敵人有生力量,戰爭的長期性、艱苦性已經顯露出來。「聯合國軍」旋即發動反撲,重新進佔漢城。中朝軍隊舉行第四次戰役,以堅守防禦、戰役反擊和運動防禦多種作戰形式,將敵阻止於三八線。接着,中朝軍隊又舉行第五次反擊戰役,至 6 月上旬,敵我雙方在三八線附近均轉入防禦。中國人民志願軍在五次戰役中共殲敵 23 萬人,把戰線穩定在三八線附近。

　　經過入朝後五次戰役的作戰實踐,根據國際關係和戰場形勢發生的複雜變化,中共中央、毛澤東確定了「邊打邊談」的基本方針,即:「充分準備持久作戰和爭取和談結束戰爭。」從 1951 年 7 月起,

朝鮮戰爭即進入邊打邊談階段。毛澤東代表中國政府和中國人民嚴正聲明：我們是要和平的，但是，只要美帝國主義一天不放棄它那種蠻橫無理的要求和擴大戰爭的陰謀，中國人民的決心就是只有同朝鮮人民一直戰鬥下去，一直打到中朝人民完全勝利的時候為止。

經過兩年邊談邊打的複雜鬥爭，戰爭雙方終於就停戰問題達成協議。1953 年 7 月 27 日，在三八線以南新校正的軍事分界線上的板門店，中朝一方和美韓一方正式簽署了朝鮮停戰協定。在中朝人民同仇敵愾的堅決鬥爭下，美國自開國近 200 年來第一次在沒有取得勝利的停戰協議上簽字。歷時三年的抗美援朝戰爭，以美帝國主義企圖霸佔朝鮮全境的野心遭到破產而告結束。戰爭的結果雄辯地證明，西方侵略者幾百年來只要在東方一個海岸上架起幾尊大炮就可以霸佔一個國家的時代，已經一去不復返了。

在志願軍入朝作戰的同時，國內開展了**轟轟**烈烈的全國人民抗美援朝運動。在中國人民抗美援朝總會的號召下，全國男女老少、各階層人民普遍訂立愛國公約，進行捐獻飛機大炮運動。至 1952 年 5 月底，捐款達人民幣 5.565 億元，折合飛機 3710 架。廣大工人、農民通過開展增產節約運動和愛國豐產運動，保證以充足的物資支援朝鮮前線。祖國人民組織各種慰問團深入到朝鮮前後方，慰問志願軍、朝鮮人民軍和朝鮮人民，大大鼓舞了中朝軍隊的戰鬥意志和保衛世界和平共同勝利的信念。在整個戰爭期間，全國人民支援朝鮮前線的各種作戰物資達 560 餘萬噸，為奪取戰爭的勝利作出了重大貢獻。

抗美援朝戰爭的歷史性勝利，使新中國的國際威望空前提高。以此為契機，中央人民政府積極開展外交活動，為在國內進行大規模有計劃的經濟建設創造有利的國際和平條件。

恢復重建

　　在進行抗美援朝、土地改革和各項民主改革的條件下，中國共產黨和中國政府領導開展了包括經濟、政治、教育文化等多方面的新民主主義建設。

　　舊中國經濟本來就極其落後，多年的戰爭更使它遭受嚴重破壞。1949 年同歷史上的最高水平相比，工業總產值減少一半，糧食減少約 25%，棉花減少約 48%。這種狀況使恢復國民經濟的任務十分緊迫。1951 年 2 月，中共中央政治局提出「三年準備，十年計劃經濟建設」戰略思想，向全黨、全國明確了當前所進行的一切工作，都是為即將實行的國家工業化直接做準備。

　　根據「邊打、邊穩、邊建」方針，中央把擴大城鄉交流放在財經工作的第一位，動員各種社會力量，公營、私營、合作社商業一起上，通力開闢流通渠道，打開農村土特產品的銷路，拓展工業品在農村的市場。1951 年，中央推廣了華北地區舉行土產交流大會的經驗，全國各種形式的物資交流大會此起彼應，盛極一時。在綏遠一向不值錢的爛皮廢骨，運到上海便成了適用的工業原料；兩廣的片糖、砂糖行銷內蒙古；東北的土鹼、黃煙暢銷於關內；江西的瓷器、湖北的土布重新銷往西北；更有豬鬃、茶葉、桐油、松香等許多土特產品遠銷到蘇聯和東歐國家，換回恢復經濟所急需的機械設備。擴大農副土產品的收購，使農民手裏有了錢，大大提高了農民

的購買力。各地展銷會上的新式農具，天津的暖水瓶、上海的自行車等日用工業品，深受農民的歡迎。「土產一動，百業俱興。」「擴大農副土產品的購銷，不僅是農村問題，而且也是目前活躍中國經濟的關鍵。」

影響中國經濟恢復和建設的另一個方面，是帝國主義的封鎖禁運。新中國成立後，在實行對外貿易統制和保護民族工業的貿易政策下，首先同蘇聯和其他人民民主國家建立和發展經濟貿易關係，同時也積極尋求同西方資本主義國家做生意。1950 年，新中國對外貿易總額為 11.35 億美元，超過了 1931 年「九一八」事變以來的任何一年。抗美援朝戰爭開始後，美國發動了對中國實施全面的封鎖禁運，頒佈有關管制對中國大陸、香港、澳門的戰略物資輸出等法令；宣佈凍結中國政府在美的資產、中國人民在美的銀行存款及其他財產。同時，操縱聯合國通過提案，拉攏英、法、聯邦德國、日本、菲律賓、加拿大等 36 個國家參加了對中國的封鎖禁運行動。

封鎖禁運給新中國的對外貿易帶來很大困難。但中國人民沒有被這些困難嚇倒，積極展開反封鎖禁運的鬥爭，儘力彌補損失。一方面挖掘內部潛力，擴大國內交流，使一些物資不再依賴從西方國家進口；另一方面，將西方所禁運的各種戰略物資，轉為大部分從蘇聯等國進口。同時，充分利用香港、澳門進行轉口貿易的特殊地位，把開展內地同港澳地區的貿易，作為反封鎖禁運的一條重要戰線。此外，積極發展已同中國正式建交的資本主義國家的貿易，繼續保持與英、法、日等國的民間貿易往來，努力克服帝國主義封鎖造成的種種困難。在西方「禁運」最猖獗的 1951 年，中國對外貿易總額達 19.55 億美元，超過了新中國成立前的最高年份 1928 年的 15.53 億美元，並繼續呈增長勢頭，逐漸將舊中國的長期入超轉變為

◎ 興修水利

進出口大體平衡的局面。

　　農業的恢復是國民經濟一切部門恢復的基礎。中國共產黨和人民政府在土地改革解決農民土地問題的基礎上，充分調動農民個體經濟和勞動互助兩方面的生產積極性，還採取減輕稅負、動員群眾興修水利等一系列的政策和措施，促進農業生產恢復和發展。國家在財政仍還很困難的情況下，撥出大筆資金用於水利建設。著名的根治淮河工程、官廳水庫工程、荊江分洪工程，都是這一時期開始動工和加緊進行的。1952 年，中國糧食總產量為 3278.4 億斤，比歷史上年產最高的 1936 年增長 9.3%。棉花總產量從 1949 年的 888.8 萬擔，增加到 1952 年的 2607.7 萬擔，增長 193.4%，為歷史上最高年產量的 153.6%。

　　工業生產的恢復是在艱難境況中起步的。中國共產黨強調：一

◎ 鞍鋼等三大工程建成投產

要依靠工人階級；二要依靠國營經濟。首先重點恢復國計民生所急需的礦山、鋼鐵、動力、機器製造和主要化學工業，同時恢復和增加紡織及其他輕工業生產。國家除重點恢復和改造東北等地原有企業以外，還有計劃地新建了一批急需的工業企業，如阜新海州露天煤礦，鞍山鋼鐵公司無縫鋼管廠和大型軋鋼廠，山西重型機械廠，武漢、鄭州、西安、新疆的紡織廠，哈爾濱亞麻廠等。這批新建廠後來都成為中國工業戰線上的骨幹企業。

交通運輸業是經濟恢復的重點。三年中，國家用於交通運輸建設的投資佔全國基建投資總額的 26.7%。1949 年底，中國基本恢復了原有的鐵路網，東西大幹線隴海路全線通車，中斷多年的京漢線和粵漢線也恢復運營。1950 年 6 月，穿越巴蜀的成（成都）渝（重慶）鐵路開始動工修築，1952 年 6 月即告完工。這條鐵路是清朝

末年就醞釀興建的川漢鐵路的一段，拖了近半個世紀未鋪上一根鋼軌，而新中國成立後僅用兩年時間就建成通車。這一時期，通往「世界屋脊」拉薩的康藏、青藏公路也開始興修。

在恢復和發展國民經濟中，如何對待私營工商業是一個很重要的問題。私營經濟有兩面性，人民政府在發揮其積極作用的同時，又必須限制其消極的一面。1950 年初穩定物價、統一財經後，私營工商業一度出現商品滯銷、工廠關門、商店歇業、職工失業等情況。為了解決這些問題，從 1950 年 6 月起，全國各大中城市全面調整工商業。調整工作的基本方針是「公私兼顧、勞資兩利」，主要是調整公私關係、勞資關係和產銷關係，重點是調整政府和國營經濟同私人資本主義經濟之間的關係。調整的主要措施：一是加強對私營工廠的加工訂貨；二是增加貨幣投放，收購農副土產品，擴大城鄉交流，活躍國內市場。調整工作到 1950 年底完成。經過半年的調整，私營工商業不僅渡過了難關，還得到很大發展。資本家為工商業調整所帶來的豐厚利潤深感振奮。武漢有資本家用一副對聯表達自己的興奮之情：「掛紅旗五星（心）已定，扭秧歌穩步前進。」上海資本家稱 1951 年是私人資本主義經濟發展的「黃金時期」。

但是，資本家中的一些不法分子並不滿足於用正常的方式獲得的利潤，而是試圖用向國家幹部行賄等非法手段獲取高額利潤。由於發現資本家腐蝕中共黨政幹部的嚴重情況，1951 年 11 月中共中央決定在中共黨政機關工作人員中開展一場反對貪污、反對浪費、反對官僚主義的「三反」運動；1952 年 1 月決定在私營工商業者中開展一場反對行賄、偷稅漏稅、偷工減料、盜騙國家財產、盜竊國家經濟情報（通稱「五毒」）的「五反」運動。

「三反」鬥爭大張旗鼓、雷厲風行地展開，首先抓住重大典型案

件，嚴肅處理。如中共天津地委前任書記劉青山、在任書記張子善墮落為大貪污犯，儘管他們在革命戰爭中有過功勞，但中國共產黨和中國政府決不姑息，經人民法院判處他們死刑，執行槍決。這是中國共產黨在全國執政條件下為保持廉潔向腐敗打響的第一槍。「三反」運動歷時半年多，清除了一批吞噬共和國大廈基石的蛀蟲，有力地抵制了舊社會的惡習和資產階級的腐蝕，樹立了廉潔樸素、厲行節約、愛護國家財產的新的社會風氣。

城市工商業界開展「五反」運動之初，發現「五毒」行為在資本家中不同程度地普遍存在。少數資本家「五毒」之嚴重，觸目驚心，如：用廢爛棉花製造急救包，用變質牛肉、臭雞蛋製造食品罐頭等，這些東西送到朝鮮前線，使不少志願軍戰士沒有倒在敵人的槍口下，卻因使用或食用後方送來的藥品、食品而致殘致死。這些情況激起了全國人民的公憤，「打退資產階級的猖狂進攻」，成為全國上下強烈的呼聲。全國範圍的「五反」運動歷時半年結束。這次運動有力地打擊了不法資本家的「五毒」行為，在工商業者中普遍進行了一次守法經營教育，推動了在私營企業中建立工人監督和民主改革，在對資產階級進行限制和資產階級反限制的鬥爭中，取得又一回合的勝利。

貫徹新民主主義建國綱領的一項重要內容，是加強民主建政。按照《共同綱領》的規定，中央人民政府發佈省、市、縣各界人民代表會議組織通則，規定凡具備條件的地方應抓緊召開各界人民代表會議，並促使其逐步代行人民代表大會職權，選舉產生各該級的人民政府。中共中央強調：我們國家的民主化，與新民主主義的經濟建設及國家的工業化是不能分離的，「我們的基本口號是：民主化與工業化！」到 1952 年底，人民代表會議已經形成一項經常的

制度，在全國範圍內自下而上地建立起來，通過這一組織形式，原來缺乏民主訓練的人民群眾，開始逐步學會如何行使自己的民主權利，各級人民政府也在實施民主建政的過程中，逐步提高了行政效率和組織管理能力。

在民主建政的同時，中央要求進一步加強統一戰線工作，積極爭取知識分子、工商業界、宗教界、民主黨派、民主人士，在反帝反封建的基礎上將他們團結起來，吸引他們參加包括土地改革、鎮壓反革命在內的人民革命鬥爭和適當工作；加強政權機關和協商機關中共產黨與非共產黨人士之間的合作，做到使他們有職有權。

根據《共同綱領》關於國內各民族一律平等的政策，人民政府為加強民族團結互助進行了大量工作，協調解決民族間和民族內部存在的糾紛，並抽出必要的財力、物力幫助少數民族發展經濟事業，改善少數民族群眾的生活。1951 年 8 月，《中華人民共和國民族區域自治實施綱要》公佈實施。根據綱要對民族自治機關、自治權利、自治區內的民族關係、上級人民政府的領導原則等問題所作具體規定，到 1953 年 3 月，已在包括約 1000 萬人口的少數民族聚居區，建立起一批縣級和縣級以上的民族自治區和相當數量的民族自治鄉。經過三年多的努力，民族區域自治已成為國家的一項重要國策和基本制度，它對祖國統一、民族平等、民族團結和民族發展具有重大的意義。

新民主主義文化建設的基本方針：一是要適應和推進政治變革，二是要適應和推進經濟建設。中華人民共和國成立以後，首先有步驟地對私營報紙、刊物、廣播等事業進行改造，把作為輿論宣傳、大眾傳播重要工具的這部分文化事業，完全置於中國共產黨和國家的統一領導之下，確立馬克思列寧主義、毛澤東思想在全國一

切工作中的指導思想的地位。同時，謹慎地對舊有學校教育事業和舊有社會文化事業進行改革。教育改革的內容，主要是實行國家對學校的領導，廢除原來的反動政治教育，建立和加強革命的政治教育；教育向廣大人民群眾敞開大門；在全國範圍進行高等學校的院系調整，大幅度擴大招生，以適應有計劃建設和工業化發展對人才的急迫需要。在科學工作方面，成立中國科學院和調整科學研究機構，培養與合理地分配科學人才；提出科學研究為人民服務的方向，學術研究與實際需要密切配合的方針。在文藝工作方面，提倡文藝為工農兵服務，為人民服務，還提出「百花齊放，推陳出新」的方針。在醫藥衛生工作方面，提出「面向工農兵」「預防為主」「團結中西醫」三大方針。在這些方針的指導下，科學、教育、文化、衛生事業的改革和發展，都取得顯著成績。

知識分子的思想改造，是中國在各方面徹底實現民主改革和逐步實現工業化的重要條件之一。建國之初，廣大知識分子愛國熱情很高，學習熱情也很高。他們希望深入了解革命，了解共產黨，了解新社會，以適應形勢的巨大變化和發展。1951 年 9 月，北京大學十二位教授發起北大教員政治學習運動，由此推廣到北京、天津各高等學校的教師中開展了一個比較集中的思想改造學習運動。周恩來受中央委託，向京津兩市高校教師學習會作了《關於知識分子的改造問題》的報告。此後，學習運動逐漸擴展到整個知識界，發展成為全國規模的知識分子思想改造運動，到 1952 年秋基本結束。這次學習運動，是知識分子為適應新形勢的要求而進行的自我教育和自我改造，主要解決分清革命與反革命、樹立為人民服務的觀點問題，對幫助從舊社會過來的知識分子初步接受馬克思主義起了促進作用。

中華人民共和國成立後，中國共產黨十分重視在全國執政條件

◎ 1950—1952 年 國民經濟得到全面恢復和發展

下黨組織自身的建設。1950 年，針對黨內一部分人在革命勝利的形勢下滋長了居功自傲情緒和官僚主義、命令主義作風，全黨進行了一次歷時半年的整風學習。1951 年下半年起，又在全國範圍開展了一次整黨運動，主要是整頓黨的基層組織，對黨員進行關於共產黨員必須具備的八項條件的教育。據 1953 年 6 月底統計，在總數為630 餘萬的黨員中，90% 以上是合於或基本合於共產黨員標準的；同時，有 32.8 萬人被開除出黨或被勸告退黨。通過整風整黨，純潔了黨的隊伍，為順利完成恢復國民經濟的任務提供了組織和領導上的保證。

經過三年的努力，中國整個國民經濟得到全面恢復和初步發展。1952 年，全國工農業總產值 810 億元，比 1949 年增長 73.8%，比解放前最高水平的 1936 年增長 20%。其中，工業總產值比 1949

年增長 149.3%；鋼產量達到 134.9 萬噸，比 1949 年增加 7.54 倍，比歷史最高水平增加 46.3%；生鐵產量比 1949 年增加 6.72 倍，比歷史最高水平增加 7.2%；原油、水泥、電力、原煤等都超過歷史最高產量。棉紗、棉布、食糖等主要輕工業產品也超過歷史最高水平。1952 年，中國農業總產值比 1949 年增長 41.4%；糧、棉、大牲畜、生豬等主要農產品的產量，均超過新中國成立前的最高水平。按可比價格計算，1952 年的國民收入比 1949 年增長 64.5%。國家財政收入有了成倍增加，1952 年比 1950 年增長 181.7%，並且收大於支，連年結餘。在財政總支出中，用於經濟建設的支出逐年上升，社會文化事業支出不斷增長。城鄉人民收入逐年增長，生活普遍得到改善。

中華人民共和國成立後頭三年國民經濟的增長，雖然帶有明顯的戰後恢復性質，但從世界範圍來看，與二戰後歐亞各國經濟恢復到戰前水平的情況相比，新中國戰後經濟恢復之快，增長幅度之大，是舉世矚目的。國民經濟的全面恢復和初步發展，為國家開始進行大規模的經濟建設和沿着新民主主義軌道逐步走向社會主義奠定了良好的基礎。

醞釀過渡 1953.6—1956

1956
「一五」計劃頭三年，各個領域取得巨大成就。

1953.6
中共中央政治局會議正式討論和制定了中國共產黨在過渡時期的總路線。

保駕護航 1953—1956

1954
第一屆全國人民代表大會在北京隆重召開。大會通過了第一部《中華人民共和國憲法》，史稱「1954年憲法」。

1953
周恩來在北京接見印度談判代表團時，首次系統地提出了和平共處五項原則。

三大改造 1953—1956

1956
社會主義改造完成，中國實現了生產資料所有制的深刻變革。

1953
伴隨大規模經濟建設的展開，國家對農業、手工業和資本主義工商業的社會主義改造，也邁開了步伐。

1953

第二章
CHAPTER TWO

過渡時期

1956

在國民經濟恢復和國營經濟力量不斷增強的基礎上，中共中央開始考慮從新民主主義向社會主義轉變的問題。1953年，中國共產黨提出過渡時期的總路線，開始實行開展大規模經濟建設的第一個五年計劃。在過渡時期中，中國共產黨創造性地開闢了一條適合中國特點的社會主義改造道路，比較順利地實現了極其複雜和深刻的社會變革，促進了工農業和整個國民經濟的發展。到1956年，全國絕大部分地區基本上完成了對生產資料私有制的社會主義改造，初步建立起社會主義基本制度，中國開始進入社會主義初級階段。

醞釀過渡

　　從 1953 年起，中國開始實行「三年準備、十年建設」設想的第二步發展戰略，即進行以實現國家工業化為目標的大規模經濟建設，並採取實際的步驟向社會主義過渡。為此，中國共產黨提出了過渡時期的總路線。

　　當時，中國發展面臨的形勢是：大規模土地改革的任務在全國大陸基本完成；朝鮮停戰談判在主要問題上達成協議，新中國被迫進行的這場戰爭不久可望結束；恢復國民經濟的工作進展順利，基本實現了預計的目標，各項生產都恢復到或超過了歷史上的最高水平。這種情況表明中國已經有了進行大規模經濟建設的條件。

　　與此同時，中國社會生活中也出現和積累了一些新的矛盾：在農村，土地改革後農民分散的個體經濟難以滿足城市和工業對糧食與農產品原料不斷增長的需要；農村貧富差距一定程度拉開，引起中國共產黨內對兩極分化的擔憂，關注個體經濟朝哪個方向發展的問題。在城市，工人階級和國營經濟同資產階級之間限制和反限制的鬥爭經歷了幾個回合，「三反」「五反」運動中私人資本主義經濟的消極面突出地暴露出來，但鬥爭並未結束而是時起時伏。這些問題和矛盾，都需要明確的方針和系統的政策來逐步加以解決。

　　在這樣的背景下，中共中央經過將近一年的反覆醞釀，形成和提出了過渡時期的總路線，明確地向全國人民提出了建設社會主義

的偉大任務。1952年9月，毛澤東在中共中央書記處會議上指出：我們現在就要開始用十到十五年的時間基本上完成到社會主義的過渡，而不是十年或者更長時間以後才開始過渡。這是醞釀總路線的開始。

1953年6月，中共中央政治局會議正式討論和制定了中國共產黨在過渡時期的總路線，即：「從中華人民共和國成立，到社會主義改造基本完成，這是一個過渡時期。中國共產黨在這個過渡時期的總路線和總任務，是要在一個相當長的時期內，逐步實現國家的社會主義工業化，並逐步實現國家對農業、對手工業和對資本主義工商業的社會主義改造。這條總路線是照耀我們各項工作的燈塔，各項工作離開它，就要犯右傾或『左』傾的錯誤。」1954年2月，中共七屆四中全會通過決議，正式批准了中央政治局確認的這條總路線。

中國共產黨在過渡時期總路線的特點，是社會主義工業化與社會主義改造同時並舉，體現了發展生產力和變革生產關係的統一。其中，國家工業化處在主體地位；對個體農業、手工業的改造和對資本主義工商業的改造，處於兩翼的配合地位。主體和兩翼之間是彼此聯繫、相互促進的。過渡時期總路線提出以後，中國共產黨黨內迅速統一了認識，並在全社會進行了廣泛深入的宣傳教育工作，獲得全國各階層人民的支持和擁護，成為團結和動員全體人民共同為建設一個偉大的社會主義新中國而奮鬥的新的綱領。

1953年，中國開始執行國家建設的第一個五年計劃。中國共產黨和全國人民把注意力迅速地轉移到社會主義工業化的任務上來。「一五」計劃的編製，從1951年開始着手，由周恩來、陳雲等主持，具體工作由中央財經委員會負責。計劃一方面初步編製和開始執行，一方面不斷討論修改，草案於1954年9月基本確定。1955年3

◎ 第一輛解放牌汽車

月，「一五」計劃草案獲得中國共產黨全國代表會議的同意，同年 7 月，在第一屆全國人民代表大會第二次會議上正式審議通過。

第一個五年計劃確定的指導方針和基本任務是：集中主要力量發展重工業，建立國家工業化和國防現代化的初步基礎；相應地發展交通運輸業、輕工業、農業和商業；相應地培養建設人才；有步驟地促進農業、手工業的合作；繼續進行對資本主義工商業的改造；保證國民經濟中社會主義成分的比重穩步增長，同時正確地發揮個體農業、手工業和資本主義工商業的作用；保證在發展生產的基礎上逐步提高人民物質生活和文化生活的水平。「一五」計劃規定，五年內國家用於經濟和文化建設的投資總額將達 766.4 億元，全部基本建設投資的 58.2% 用於工業基本建設，其中又把 88.8% 用於重工業建設，這在中國歷史上是空前的。

「一五」計劃的制訂和實施，得到蘇聯政府的很大幫助，蘇聯一共幫助中國興建了 156 個項目。對於這些項目，蘇方不僅提供貸款，而且從資源勘探、廠址選擇、技術設計、機器設備、建築安裝

◎ 中國第一架噴氣式飛機

到人員培訓、試車投產，都將給予具體的指導和幫助。與此同時，中國共產黨和中國政府注意堅持獨立自主、自力更生的方針，強調凡能自己解決的絕不依賴外援。在「一五」計劃期間，國家財政中來自國外的貸款，只佔國家總收入的 2.7%。1956 年，中共中央進一步明確提出建立獨立完整的工業體系的方針。這些方針和做法，對於後來中國在國際關係劇烈變化中能夠堅持獨立自主的立場，具有深遠意義。

第一個五年計劃一開始執行，全國城鄉便迅速形成參加和支援國家工業化建設的熱烈景象。工人階級是國家的領導階級，又是工業化戰線的主力軍，他們一馬當先，以國家主人翁的態度投入到生產建設當中。農民用增加生產，積極交納農業稅和交售糧棉的實際行動支援工業建設。大批高等學校和各類專業技術學校的畢業生自覺服從國家分配，奔赴祖國各地工業建設的最前線。各級黨委像戰爭年代選派大批幹部到軍隊中去一樣，抽調優秀幹部充實到工業戰線上去。

「一五」計劃頭三年，工業化建設取得很大成就。中國現代工

業在工農業總產值中的比重，由 1952 年的 26.7% 上升到 1955 年的 33.6%。1953 年 12 月，鞍山鋼鐵公司三大工程——大型軋鋼廠、無縫鋼管廠、七號煉鐵爐舉行開工生產典禮，這是中國重工業建設中首批竣工投入生產的重要工程，是社會主義工業化起步時具有代表性意義的勝利。中國不僅新建了許多工業企業，而且採用了當時比較先進的蘇聯的技術裝備，如：機械工業有哈爾濱量具刃具廠、瀋陽第一機床廠、長春第一汽車製造廠；電力工業有已建成的富拉爾基熱電站、撫順火力電站及豐滿水電站，新建的煤礦礦井等。尤其是機械製造工業有了長足的發展，已經能夠生產火車機車、大型機床、電機、現代採煤機械、地質鑽探機械等大型設備，並成功製造了第一架飛機（軍用）。從 1953 年開始醞釀的第一座橫跨長江天塹的武漢長江大橋已正式動工興建；全長 2255 公里的康藏公路建成通車；蘭新鐵路黃河大橋建成通車。到 1955 年年底，公路建設已提前完成「一五」計劃，成為最早完成「一五」計劃的部門。

◎ 武漢長江大橋建成

保駕護航

★

圍繞實現過渡時期的總路線和總任務，大規模經濟建設開始後，國家其他方面的建設也亟待相應發展。尤其是加強政治法律上層建築領域的建設，以便更好地為建立社會主義經濟基礎服務。

1952 年秋，鑒於一屆政協任期已滿，中共中央向全國政協常委會提出召開全國人民代表大會的提議。全國政協常委會舉行擴大會議就此交換意見，認為在三年來取得的偉大勝利的基礎上，在開始大規模經濟建設的同時，召開全國人民代表大會和地方各級人民代表大會，是符合全國人民要求的。為此，中央人民政府決定分別成立以毛澤東為主席的中華人民共和國憲法起草委員會；以周恩來為主席的中華人民共和國選舉法起草委員會，領導進行憲法和選舉法的起草工作。根據 1953 年 2 月公佈的《中華人民共和國選舉法》，全國各地經過一年多的緊張工作，在 21 萬多個基層選舉單位，3.23 億登記選民中進行了基層選舉，共選出基層人民代表大會的代表 566 萬餘名。接着，縣、市、省相繼召開人民代表大會，選舉產生了 1226 名出席全國人民代表大會的代表。

1954 年 9 月 15 日至 28 日，第一屆全國人民代表大會在北京隆重召開。大會的首要任務，是制定國家的根本大法——憲法。大會通過了第一部《中華人民共和國憲法》，史稱「1954 年憲法」。這部憲法用根本大法的形式，把中國共產黨在過渡時期的總路線作為國

家在過渡時期的總任務確定下來。堅持社會主義道路和人民民主原則，從此成為中華人民共和國遵循的基本原則。依照憲法規定，全國人民代表大會完全統一地行使最高國家權力，國家行政機關從國務院到地方各級人民委員會，都由全國人民代表大會和地方各級人民代表大會產生，受它們的監督，並可由它們罷免。國家行政機關不能脫離人民代表大會或者違背人民代表大會的意志而進行活動。一切重大問題都應當經過人民代表大會討論，並作出決定。由此，確立了人民代表大會制度為中華人民共和國的根本政治制度。

大會依據憲法和有關組織法，選舉和決定了國家領導工作人員。毛澤東當選為中華人民共和國主席，朱德為副主席。劉少奇當選為全國人民代表大會常務委員會委員長，宋慶齡等 13 人為副委員長。根據中華人民共和國主席毛澤東的提名，大會通過決定以周恩來為國務院總理。根據周恩來的提名，決定任命陳雲、林彪、彭德懷、鄧小平等 10 人為國務院副總理。新成立的國務院作為最高國家行政機關，統一領導全國地方各級國家行政機關的工作。

隨着全國人民代表大會的召開，中國人民政治協商會議全體會議代行全國人民代表大會職權的任務已經結束。1954 年 12 月，中國人民政治協商會議舉行二屆一次會議，推舉毛澤東為政協第二屆全國委員會名譽主席，選舉周恩來為主席，宋慶齡等 15 人為副主席。會議還通過新的《中國人民政治協商會議章程》。人民政協作為全中國人民民主統一戰線的組織形式繼續存在，體現了中國共產黨領導的多黨合作和政治協商制度的特點。

《中華人民共和國憲法》的重要內容之一，是確立中國國內各民族之間平等友愛互助的關係，保障各少數民族的自治權利；正式確認民族區域自治是一項國家制度，並把自治地方劃為自治區、自治

州、自治縣三級。內蒙古自治區是最早成立的省級自治區。1955 年
10 月 1 日，新疆維吾爾自治區宣告成立。西藏自治區籌備委員會於
1956 年 4 月成立。廣西壯族自治區和寧夏回族自治區於 1958 年 3 月
和 10 月相繼成立。這樣，到 1958 年年底，在全國 15 個省、區已建
立民族自治地方 87 個，除省級自治區外，有自治州 29 個、自治縣
（旗）54 個，包括 35 個民族成分。實行自治的民族人口，已佔全國
有條件建立自治地方的少數民族人口的絕大多數。

在國防建設方面，根據中華人民共和國成立後人民解放軍的任
務已由進行軍事戰爭奪取政權，轉變為鞏固人民民主專政、防禦外
敵入侵、保衛社會主義革命和建設、保衛國家安全和領土主權的完
整，中共中央、毛澤東提出必須建設一支現代化、正規化的革命軍
隊的新的歷史任務。據此，人民解放軍通過精簡整編，逐步適應大
規模經濟建設和軍隊現代化正規化建設的需要，壓縮軍隊定額，減
少軍費開支，向國家各方面的建設輸送了大批骨幹力量。為適應現
代化戰爭的要求，人民解放軍開始實行由單一兵種向多軍兵種的轉
變，先後組建了空軍、海軍、防空軍、公安軍等軍種，炮兵、裝甲
兵、工程兵、鐵道兵、通信兵、防化兵等兵種的領導機關及所屬部
隊，由過去單一步兵組成的軍隊向諸軍兵種合成的軍隊發展，為實
現軍隊的現代化正規化奠定了基礎。在此期間，國家還加強了軍事
國防工業的建設，1955 年、1956 年中央先後成立了領導航空、導
彈、原子能事業的領導機構及研究機構，開始研製發展包括導彈、
原子彈在內的尖端武器，提高中國軍隊的現代化水平。1951 年解放
軍軍事學院的創辦以及後勤學院、軍事工程學院、政治學院、各軍
兵種學院的相繼建立，形成了比較完整的軍隊院校體系，培養出大
批軍事指揮和軍事技術人才，對軍隊現代化、正規化的建設作出了

◎ 掃盲

重大貢獻。

在實行過渡時期總路線的過程中，發生了高崗、饒漱石分裂黨的重大事件。1952 年年底至 1953 年年初，高崗由中共中央東北局第一書記調任國家計劃委員會主席，饒漱石由中共中央華東局第一書記調任中共中央組織部部長。他們到中央工作後，出於個人野心在黨的領導層製造分裂，進行陰謀活動。1954 年 2 月，中共七屆四中全會揭發批判了高崗、饒漱石的反黨分裂活動。1955 年 3 月，中國共產黨全國代表會議通過決議，開除高崗、饒漱石的黨籍，撤銷他們所擔任的一切職務。

經濟建設高潮的到來，為中國的文化、教育、科學事業的發展提出新的任務和要求。在文藝方面，主要是加強中國共產黨對文藝創作（包括文學、戲劇、電影、美術、音樂等）的領導，引導作家按照為工農兵服務的政治方向和社會主義現實主義的創作原則前進；同時克服在領導創作上的簡單行政方式和粗暴態度。在「百花齊放，推陳出新」方針指導下，中國的文化工作出現欣欣向榮的景

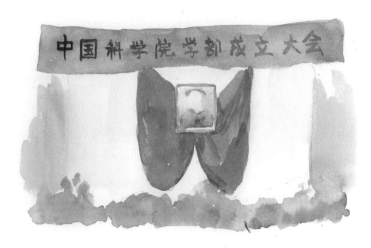

◎ 1956 年中國科學院學部成立

象。電影《白毛女》、評劇《劉巧兒》、崑曲《十五貫》、小說《暴風驟雨》等許多新創作和改編的優秀文藝作品，深受廣大群眾的歡迎，豐富了人民的文化生活。

　　教育方面，1953 年 1 月，中國共產黨和中國政府提出「整頓鞏固、重點發展、提高質量、穩步前進」的文教工作方針，強調教育工作的重點是高等教育，中心是培養人才，特別是培養高、中級技術人才，並在全國範圍進行了高等學校的院系調整；同時，打好普通教育的基礎，整頓鞏固中小學，積極做好掃盲工作；注重提高教學質量，給學生以「智、德、體、美」的全面教育。到 1956 年，全國高等學校發展到 194 所，在校學生由 1952 年的 19.1 萬人上升到 40.3 萬人；各類中等學校在校學生由 1952 年的 441.7 萬人上升到 763.3 萬人。普通中小學教育、成人教育和工農群眾的業餘文化教育事業也都有了很大的發展。

科學工作方面，中共中央強調：中國科學基礎薄弱，而科學研究幹部的成長和科學研究經驗的積累，都需要相當長的時期，必須發奮努力急起直追，否則就會由於科學落後而阻礙國家建設事業的發展；科學家是國家和社會的寶貴財富，必須重視和尊敬他們，爭取和團結一切科學家為人民服務；大力培養新生的科研力量，擴大科學研究工作的隊伍，是發展中國科學研究事業的重要環節。1954年中國科學院成為國務院領導下的國家最高學術機關之後，實行組織形式的調整，於 1955 年成立了數理化學、生物學地學、技術科學、哲學社會科學四個學科性的學部，逐漸形成全國科學研究體系，為全面發展科學事業，制定科學長遠規劃奠定了基礎。

在推動文化建設高潮的同時，中國共產黨在思想文化領域領導進行了宣傳歷史唯物主義、反對資產階級唯心主義思想的鬥爭。繼1951 年批判電影《武訓傳》後，1954 年至 1955 年，在毛澤東的支持下，先後進行了對古典文學名著《紅樓夢》研究中唯心觀點的批判，在整個文學藝術界，直到哲學、歷史學、教育學、政治學、心理學等諸多領域對胡適派唯心論思想的批判，對胡風文藝思想的批判等等。由於過分強調思想文化領域的階級鬥爭，對胡風文藝思想的批判，後來演變為揭露「胡風反革命集團」的鬥爭，胡風本人被逮捕遭長期監禁，同他有聯繫的一批文藝工作者也被株連受到不公正處理，造成錯案，直到中共十一屆三中全會後的 20 世紀 80 年代才得到全面平反。

為了給中國開始的大規模經濟建設創造良好的國際和平環境，朝鮮戰爭結束後，中國政府在外交方面展開了積極的活動和鬥爭。1954 年 4 月，美、蘇、英、法、中及其他有關國家在日內瓦召開外長會議，討論朝鮮問題和印度支那問題。這是中華人民共和國首

◎ 日內瓦會議

次以五大國之一的地位和身份參加討論重大國際問題，也是第一次嘗試通過大型國際會議和平解決國際爭端。會議期間，周恩來率領的中國代表團展開了積極的外交活動。雖然由於美國的阻撓，會議未能就政治解決朝鮮問題達成協議，但達成了恢復印度支那和平協議，迫使法國從印度支那三國撤軍。通過這次會議，中國鞏固了南部邊陲的安全，擴大了國際和平統一戰線，為國內建設創造了有利的周邊環境。

　　1953 年 12 月 31 日，周恩來在北京接見印度談判代表團時，首次系統地提出了和平共處五項原則，其內容是：互相尊重主權和領土完整、互不侵犯、互不干涉內政、平等互利、和平共處。1954 年 6 月，周恩來分別與印度和緬甸兩國總理發表聯合聲明，一致同意以和平共處五項原則作為指導相互關係的基本原則，並倡議將和平共處五項原則作為處理國際關係的準則，在世界上產生了廣泛而深遠

的影響。

1954 年 4 月 18 日，有共同遭遇的亞非 29 個國家的政府首腦第一次在印度尼西亞萬隆舉行大型國際性會議（即亞非會議，也稱萬隆會議）。周恩來率領中國代表團出席了會議。面對帝國主義對會議的破壞陰謀以及與會各國之間矛盾分歧錯綜複雜的情況，周恩來鮮明地提出「求同存異」方針，為大會的圓滿成功作出了巨大貢獻。通過萬隆會議，中國打開了與亞非國家廣泛交往的大門。

亞非會議後，中國迎來以亞非拉美新興民族國家為主要對象的第二次建交高潮，尼泊爾、埃及、敍利亞、也門、錫蘭、柬埔寨、伊拉克、阿爾及利亞、蘇丹和幾內亞等一批國家相繼與中國建交。

◎ 和平共處五項原則

三大改造

★

　　1953 年，伴隨大規模經濟建設的展開，國家對農業、手工業和
資本主義工商業的社會主義改造，也邁開了步伐。

　　在農業社會主義改造方面，中共中央於 1951 年 9 月制定了《關
於農業生產互助合作的決議（草案）》。決議草案提出要重視農民在
土地改革基礎上發揚起來的個體經濟和勞動互助兩種生產積極性；
批評了農業互助合作問題上存在的消極態度和急躁態度這兩種錯誤
傾向，要求根據生產發展的需要和可能，引導個體農民沿着互助合
作的道路前進。這個決議草案經過一年多的試行，於 1953 年 2 月由
中共中央作為正式決議下達。

　　由於工業建設的全面鋪開，從 1952 年下半年起，全國糧食購銷
開始呈現出緊張形勢。1953 年，糧食緊張情況有增無減，鬨抬物價
的風潮隨時可能發生。面對這種嚴峻情況，1953 年 10 月，中共中央
緊急作出一項重大決策：計劃收購，計劃供應，由國家嚴格控制糧
食市場和中央對糧食實行統一管理（即「統購統銷」）。11 月，政務
院下達《關於實行糧食的計劃收購和計劃供應的命令》。統購統銷政
策的實行，很快緩解了糧食供求緊張的矛盾，但不能根本改變農業
生產落後於工業發展的狀況。中央認為，解決糧食緊張的根本出路
在於依靠農業合作化並在此基礎上適當進行技術改革。

　　為進一步推動農業合作化運動的發展，1953 年 12 月中央又公

佈了《關於發展農業生產合作社的決議》，把逐步實行農業合作化作為農村工作中最根本的任務，要求把發展初級社作為領導互助合作運動繼續前進的重要環節。1954 年年底，全國互助組增加到近 1000 萬個，初級社增加到 48 萬個，參加互助合作的農戶增加到 7000 萬戶，佔全國農戶總數的 60.3%。

糧食統購統銷以後，跟着實行油料的統購和食油的統銷，1954年又實行棉花的統購和棉布的統購統銷。統購統銷政策與農業互助合作相互聯繫、相互促進，實際上使國家掌握了私營工商業的原料供給和銷售市場，從而直接推動了對資本主義工商業的社會主義改造進程。

1953 年 6 月，中央確定經過國家資本主義改造資本主義工商業的方針。在 1953 年年底以前，以加工訂貨、經銷代銷為主的初級國

家資本主義形式，在私營工商業中已有較大發展。隨着糧棉油統購統銷制度的實行，從 1954 年起，國家轉入重點發展公私合營這種高級形式的國家資本主義。私營工商業由國家資本主義的低級形式向高級形式的發展，事實上也就是逐步改造其生產關係，使企業逐步走向社會主義的過程。1954 年到 1955 年，擴展公私合營的工作取得很大進展，公私合營企業數量不斷增加。1954 年 12 月，中央提出統籌兼顧、歸口安排、按行業改造的方針。1955 年，北京、上海、天津等地一部分行業先後實行了全行業公私合營。

　　1955 年夏季以後，圍繞農業合作化速度問題，中央領導層發生了一場嚴重的爭論。在此之前，整個社會主義改造總的來說是按計劃、有步驟地穩步前進的，爭論之後，社會主義改造的步伐猛烈地加快了。7 月 31 日至 8 月 1 日，省、區、市黨委書記會議在北京舉行，毛澤東在會上作了《關於農業合作化問題》的報告。報告嚴厲批評了鄧子恢和他領導的中央農村工作部的所謂「右的錯誤」，認為「在全國農村中，新的社會主義群眾運動的高潮就要到來」，而有些領導幹部卻落後於群眾，「像一個小腳女人，東搖西擺地在那裏走路」，對合作化運動有「過多的評頭品足，不適當的埋怨，無窮的憂慮，數不盡的清規和戒律」，這是「錯誤的方針」。報告強調農村中「將出現一個全國性的社會主義改造的高潮」，為此，必須實行「全面規劃，加強領導」的方針。這次會議定下了加快農業合作化步伐的基調，助長了在農業合作化問題上的急躁冒進情緒，成為農業社會主義改造進程的一個轉折點。

　　同年 10 月，中共七屆六中全會（擴大）在北京舉行。全會根據毛澤東《關於農業合作化問題》的報告，討論和通過了《關於農業合作化問題的決議》。《決議》把鄧子恢和中央農村工作部的「錯誤」

性質進一步升級，確定為「右傾機會主義」；並對不同地區規定了合作化的進度，絕大部分地區都規定了很高的指標。六中全會結束後，各地再次修訂加快合作化步伐的規劃，使合作化運動形成異常迅猛的發展浪潮。到 12 月下旬，全國已有 60% 以上的農戶加入了合作社。這時，毛澤東主持編選的《中國農村的社會主義高潮》一書出版。他為這本書寫了序言和 104 條按語，主導思想是「批右」，不僅對合作化運動中的所謂「右傾機會主義」給予更尖銳的批評，而且認為在其他許多方面的工作中也有「右傾保守思想」在「作怪」。由於激烈批判「右傾」所形成的政治壓力，以及一再提出超前的發展計劃，農業合作化運動迅速席捲中國大地。

1956 年 1 月，入社農戶由上年 6 月佔全國總農戶的 14.2%，猛增到 80.3%，基本上實現了初級社化。6 月，毛澤東以國家主席名義公佈《高級農業生產合作社示範章程》，剛剛建立的初級社隨之向高級社轉變，各地併社升級的浪潮愈發不可遏制，許多單幹農民直接參加高級社，被喻為「一步登天」。到 1956 年年底，加入合作社的農戶已達全國總農戶的 96.3%，其中入高級社的農戶佔 87.8%。在短短幾個月的群眾運動高潮中，驟然完成由半社會主義合作社到全社會主義合作社的轉變，全國基本上實現了高級社化。

在農業合作化運動迅猛發展的推動下，資本主義工商業全行業公私合營的浪潮也很快席捲全國。1956 年 1 月底，全國五十多個大中城市相繼宣佈實現全市的全行業公私合營；當年年底，全國私營工業戶數的 99%，私營商業戶數的 82.2%，分別納入了公私合營或合作社的軌道。原定用三個五年計劃基本完成資本主義工商業社會主義改造的計劃一再提前，結果在 1956 年內就實現了。

手工業的合作化，在總路線提出以後採取「積極領導、穩步前

進」的方針。組織形式是手工業生產合作小組、手工業供銷合作社和手工業生產合作社，步驟是從供銷入手，由小到大，由低到高，逐步實行社會主義改造和生產改造。農業合作化的猛烈發展，也影響了手工業的合作化速度。1955 年底中央提出要求：在兩年內基本完成手工業合作化。實際上，到 1956 年底，參加合作社的手工業人員已佔全體手工業人員的 91.7%。

由於在指導思想上急於求成，1955 年夏季以後的社會主義改造出現了要求過急，改變過快，工作過於粗糙，組織形式過於單一等偏差。中央針對這些問題採取了一些補救措施，提出「大部不變、小部調整」的方針，要求糾正公私合營的面過寬、合併改組過多；手工業盲目集中生產、統一經營；農業合作社併社升級過快、入社的生產資料作價不合理等缺點，使改造高潮中的紊亂狀況得到一定程度的緩解。

1956 年，社會主義改造的基本完成，在中國實現了生產資料所有制的深刻變革。農民、手工業者個人所有的小私有制，基本上轉變為勞動群眾集體所有制；資本家所有的資本主義私有制，基本上轉變為國家所有制即全民所有制。在整個國民經濟中，全民所有制和勞動群眾集體所有制這兩種社會主義公有制形式，已佔居絕對優勢地位。儘管改造後期實際工作中出現了一些偏差，但從改造的方向和全過程來看，基本上是符合中國工業化初期經濟發展的客觀需要的，在中國實現對農業、手工業、資本主義工商業的社會主義改造，可以說是一件有偉大歷史意義的事情。

伴隨着社會主義經濟基礎的建立，中國人民民主專政的國家制度也逐步健全起來。社會主義改造在新的基礎上鞏固了工農聯盟以及工人階級同其他勞動人民的聯盟。普選的人民代表大會制在全國

◎ 農業　　　　　　　　　　　　　　　　　◎ 手工業

　　的實行，共產黨領導的多黨合作的政治協商制度的發展，為進一步
建立健全社會主義民主與法制開闢了道路。以社會主義工業化建設
為中心，國家在科學、教育、文化和國防建設等方面都取得顯著的
成績。馬克思主義在意識形態領域指導地位的確立，促使社會主義
的思想意識和社會道德規範在人民中間逐漸樹立起來。鑒於此，中
國共產黨在 1956 年確認：社會主義的制度在中國已經基本建立起來
了。社會主義基本制度的建立，為中國今後的一切進步和發展奠定
了最重要的基礎。

　　從社會歷史發展的進程看，中國在 1956 年只是進入了很不成熟
的社會主義，即社會主義初級階段的開始。中國還要經歷一個繼續
實現國家工業化和生產的商品化、社會化、現代化的相當長的歷史
階段，即社會主義初級階段，才能把中國建設成為偉大的社會主義
強國。在這個長的歷史過程中，還會有原來根本沒有遇到過的艱難
和曲折，還需要付出巨大的努力。

良好開端 1956.4—1957.2

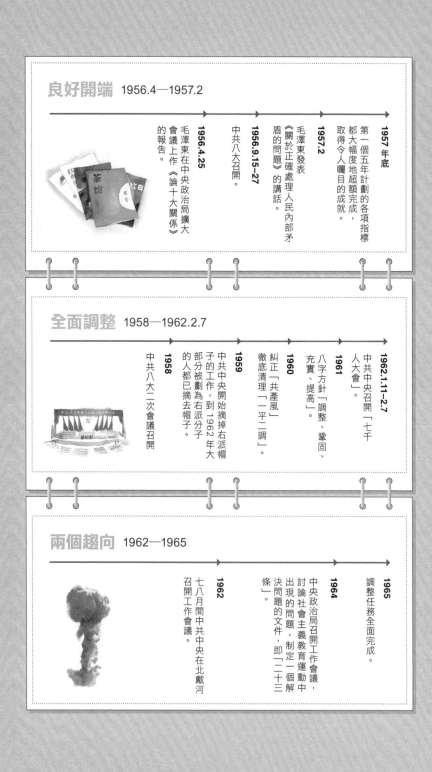

1956.4.25
毛澤東在中央政治局擴大會議上作《論十大關係》的報告。

1956.9.15–27
中共八大召開。

1957.2
毛澤東發表《關於正確處理人民內部矛盾的問題》的講話。

1957 年底
第一個五年計劃的各項指標都大幅度地超額完成，取得令人矚目的成就。

全面調整 1958—1962.2.7

1958
中共八大二次會議召開

1959
中共中央開始摘掉右派帽子的工作，到 1962 年大部分被劃為右派分子的人都已摘去帽子。

1960
糾正「共產風」，徹底清理「一平二調」。

1961
八字方針「調整、鞏固、充實、提高」。

1962.1.11–2.7
中共中央召開「七千人大會」。

兩個趨向 1962—1965

1962
七八月間中共中央在北戴河召開工作會議。

1964
中央政治局召開工作會議，討論社會主義教育運動中出現的問題，制定一個解決問題的文件，即「二十三條」。

1965
調整任務全面完成。

第三章
CHAPTER THREE

艱辛探索

1956 年，中共領導人民開始了大規模的社會主義建設和對中國建設道路的探索。1958 年，中共的八大二次會議通過多快好省、力爭上游的建設社會主義的總路線，隨後輕率地發動了「大躍進」運動和農村人民公社化運動。1961 年，中共開始糾正農村工作中的「左」傾錯誤，並決定對國民經濟實行「調整、鞏固、充實、提高」。從 1962 年到 1966 年國民經濟得到順利恢復和發展。這期間，中國初步建立起獨立的比較完整的工業體系，積累了領導社會主義建設的重要經驗。

良好開端

　　中國是在國際形勢發生重大變化的情況下進入社會主義初級階段的。

　　在 1956 年 2 月召開的蘇聯共產黨第二十次代表大會上，赫魯曉夫作了題為《關於個人崇拜及其後果》的祕密報告，尖銳地揭露了斯大林在領導蘇聯社會主義建設中的嚴重錯誤。這個報告在社會主義陣營和國際共產主義運動內部引起極大震動。

　　中共中央政治局、書記處多次開會研究蘇共二十大及其影響，並將討論結果以《人民日報》編輯部的名義發表《關於無產階級專政的歷史經驗》的文章。毛澤東指出，赫魯曉夫的報告一是揭了蓋子，二是捅了婁子。它一方面表明蘇聯、蘇共、斯大林並不都是一切正確，這就破除了迷信，不要再硬搬蘇聯的一切了，有利於反對教條主義；另一方面報告無論在內容上和方法上都有嚴重錯誤。

　　在批評蘇共領導全盤否定斯大林的錯誤，肯定斯大林「功大於過」的同時，毛澤東着重指出，對於蘇共二十大，重要的問題在於我們從中得到什麼教益。最重要的是要獨立思考，把馬克思主義的基本原理同中國革命和建設的具體實際相結合。民主革命時期我們在吃了大虧之後才成功地實現了這種結合，取得了中國新民主主義革命的勝利。現在是社會主義革命和建設時期，我們要進行第二次結合，找出在中國怎樣建設社會主義的道路。

就在這一年，中國共產黨開始了對中國自己建設社會主義道路的探索。1956 年 2 月中旬至 4 月下旬，毛澤東等中央領導人分別聽取中共中央和國務院 34 個部門關於工業生產和整個經濟工作的彙報。4 月 25 日，毛澤東在中央政治局擴大會議上作《論十大關係》的報告，經過討論後得到政治局的贊同。5 月 2 日他又在最高國務會議上作報告。報告提出了一個基本方針，即把國內外一切積極因素調動起來，為社會主義事業服務。它所論述的十大問題（即十大關係），一方面是從總結中國經驗、研究中國的實踐提出來的；另一方面，是借鑒蘇聯的經驗教訓提出來的。鑒於蘇聯忽視農業、輕工業，片面注重重工業，造成農、輕、重發展不平衡的教訓，報告提出今後中國應該適當調整，更多地發展農業、輕工業，更多地利用和發展沿海工業，降低軍政費用的比重，多搞經濟建設。報告還論述了國家、生產單位和生產者個人的關係，中央和地方的關係，開始涉及經濟體制的改革。報告同時闡述了漢族和少數民族、共產黨和非共產黨、革命和反革命及中國和外國等方面的關係。這樣就初步提出了中國社會主義經濟、政治建設的若干新方針。

這一年 1 月，中共中央還召開了關於知識分子問題會議，周恩來代表中共中央肯定中國知識界的面貌已經發生根本改變，絕大部分已經成為工人階級的一部分。會議分析世界科學技術發展的形勢，號召全黨努力學習科學技術知識，提出了「向現代科學進軍」的任務。中央政治局擴大會議在討論《論十大關係》報告時，又針對中國科學文化領域受蘇聯學術批評中粗暴作風和教條主義的影響，把毛澤東提出的「百花齊放，百家爭鳴」作為發展科學和文化的基本方針。中國共產黨在知識分子問題和發展科學文化上作出的這些決策，初步提出了中國社會主義文化建設的若干新方針。

◎ 「雙百方針」下的文學

　　在前一階段探索的基礎上，9 月 15 日至 27 日，中共召開了第八次全國代表大會。大會正確分析了國內形勢和國內主要矛盾的變化，強調在社會主義改造基本完成的情況下，國家的主要任務是在新的生產關係下保護和發展生產力，全黨要集中力量發展生產力。大會確定了經濟、政治、文化、外交和黨的建設等方面的方針。在黨的建設方面，強調堅持集體領導原則，健全黨的民主集中制，發展黨內民主，反對個人崇拜。大會選出了新的中央委員會，隨後又選出了新的中央領導機構。毛澤東為中央委員會主席，劉少奇、周恩來、朱德、陳雲為副主席，鄧小平為總書記。毛澤東會前就提出準備適當時候不再當黨的主席，可以當名譽主席，還提出他不再擔任下一屆國家主席，並建議修改憲法，規定國家主席、副主席連選只得連任一屆。這是醞釀廢除領導職務終身制的很有意義的一個設想。

　　八大之後，中共沿着八大確定的正確方向繼續探索。這主要集

◎ 中共八大會址

中在兩個問題上：一個是按照八大的方針，調整若干方面的經濟關係和編製 1957 年建設計劃；一個是準備全黨整風，正確處理日漸突出的人民內部矛盾。

按照「三個主體，三個補充」的方針，八大以後調整經濟關係有了初步進展，並產生了一些新思路。1956 年秋冬，自由市場漸又活躍，個體工商戶明顯增長，其中還出現了較大的手工業和手工工場，人們稱之為「地下工廠」，也出現了「地下商店」。對社會主義改造後出現的這種情況，中共中央領導人提出了十分開明的主張。1956 年 12 月毛澤東同全國工商聯負責人和中央統戰部負責人談話，認為地下工廠要使它成為地上、合法化。只要有市場、有原料，這樣的工廠還可以增加。毛澤東甚至說，可以消滅了資本主義，又搞資本主義。劉少奇、周恩來等也表示，在社會主義建設中搞一點私營的，活一點有好處。同八大相比，這些思路又有新的發展，即不僅允許一定

數量的個體經營作為補充，而且允許一定限度的私人資本主義經營存在和發展，使之在國家領導下作為社會主義經濟主體的補充。

中共中央還開始醞釀經濟管理體制的改革。1956 年 10 月，中共中央、國務院發出有關改進國家行政體制的文件草案，要求各地討論。以陳雲為組長的中央經濟工作小組，着手擬定這一方面改革的方案。這一改革的主要精神是改變權力過多集中於中央而地方和企業權力太少的狀況，重新劃分中央、地方和企業的權限，下放一部分權力給地方和企業。中央設想的改革涉及計劃、財政、基本建設到工業、運輸、郵電等十八個方面，先從工業、商業、財政三個方面展開。1957 年 9 月，中共八屆三中全會通過改進工業、商業、財政管理體制的規定。這三個文件是對中共八大關於經濟體制改革思想的具體化。

八大以後，中共在指導編製第二個五年計劃的過程中，堅持八大肯定的既反保守又反冒進的經濟建設方針，注意繼續解決前一階段得到初步遏制的急躁冒進問題。在 1956 年 11 月召開的中共八屆二中全會上，劉少奇、周恩來等強調應當把工業建設的速度放在穩妥可靠的基礎上，1957 年的計劃應當是在繼續前進的基礎上「保證重點，適當收縮」。在這個方針指導下，陳雲主持制定 1957 年國民經濟計劃，壓縮了基本建設投資規模。經過全黨和全國人民的努力，到 1957 年底，第一個五年計劃的各項指標都大幅度地超額完成，取得令人矚目的成就。

中共在探索經濟體制改革和經濟建設方針的同時，根據八大的精神，針對黨內存在的主觀主義、官僚主義和宗派主義的思想作風，準備全黨整風。

1956 年 6 月和 10 月，波蘭、匈牙利先後發生罷工、遊行示威和騷亂。這年秋冬，中國國內也出現一些不安定的情況。一些地方

發生罷工、請願事件。在農村，夏收以後不少地方發生鬧糧食、鬧退社的風潮。知識界在「百花齊放、百家爭鳴」方針提出後，思想日趨活躍，在政治、經濟、文化、科學、教育等問題上發表各種意見，其中不少意見相當尖銳。

中共中央和毛澤東認為，在波蘭和匈牙利，一方面已經出現否定蘇聯和十月革命的傾向，另一方面，官僚主義、脫離群眾、照搬蘇聯經驗、階級鬥爭不徹底等錯誤的惡果也逐漸表露出來。對國內鬧事，中共中央和毛澤東着重從領導方面分析，指出其發生是由於領導上存在官僚主義和主觀主義，政治或經濟的政策上犯了錯誤，還有工作方法不對。這表明，中共試圖以波匈事件為鑒，從整頓黨的作風入手，克服主觀主義、官僚主義和宗派主義，正確處理人民內部矛盾，以緩和中共和人民群眾間的某些緊張狀態。

1957 年 2 月，毛澤東在最高國務會議第十一次（擴大）會議上發表《關於正確處理人民內部矛盾的問題》的講話。他特別分析了社會主義社會存在着敵我之間和人民內部兩類性質根本不同的矛盾，指出前者需要用強制的、專政的方法去解決，後者只能用民主的、說服教育的、「團結——批評——團結」的方法去解決，決不能用解決敵我矛盾的方法去解決人民內部的矛盾。這表明中共把正確處理人民內部矛盾作為國家政治生活的主題，並且從理論上提出了社會主義社會矛盾的新學說。這個學說發展了馬克思主義的科學社會主義理論，是中共和毛澤東探索社會主義政治建設的一個重要的理論和思想成果。

從 1956 年到 1957 年春，中共對中國自己的建設社會主義道路作了多方面探索。這些探索雖然是初步的，但卻是整個探索過程的一個良好開端。

全面調整

在 1958 年發動的「大躍進」和「人民公社化運動」中,「左」的錯誤愈演愈烈,給中國經濟帶來嚴重困難局面,這使中共中央逐步清醒起來,決心認真調查研究,糾正錯誤,調整政策。1961 年 1月,中共中央召開八屆九中全會,正式決定從 1961 年起對國民經濟實行「調整、鞏固、充實、提高」的八字方針。

政策的調整首先從農村開始。還在八屆九中全會前,1960 年 11月,中共中央就發出了關於人民公社當前政策問題的緊急指示信,要求全黨用最大努力來糾正「共產風」,重申徹底清理「一平二調」,堅決退賠,加強生產隊的基本所有制,實行生產小隊的小部分所有制,允許社員經營少量自留地和小規模家庭副業,恢復農村集市。八屆九中全會上,毛澤東號召大興調查研究之風,使 1961 年成為實事求是年、調查研究年。會後,毛澤東、劉少奇、周恩來、朱德、陳雲、鄧小平等中央領導人帶頭到地方搞調查研究。各地方和各部門的負責人也紛紛下去搞調查。針對調查中反映出來的最突出的平均主義問題,中共中央先後於 1961 年 3 月和 5 月在廣州和北京召開工作會議。毛澤東主持制定了《農村人民公社工作條例(草案)》,即「農業六十條」。文件規定,人民公社各級規模不宜過大,以避免在分配上將經濟水平不同的社隊拉平。中共中央將「農業六十條」發給全體農村社員討論,得到廣大基層幹部和社員群眾的熱烈擁

護。中共中央在充分調查研究的基礎上，根據群眾要求還取消了公共食堂和供給制，明確將生產隊作為人民公社的基本核算單位。「農業六十條」雖然維護了人民公社的框架，但是糾正了公社化以來農村實際工作中的若干突出的錯誤，解決了當時群眾意見最大最緊迫的問題，對於重新調動農民群眾的積極性、恢復農業生產發揮了積極作用。

當時糧食供應緊張是城鄉經濟生活中最為突出的矛盾。中共中央採取壓縮城鎮人口、減少城鎮糧食銷量的緊急措施，動員城鎮人員到農村安置。廣大幹部、職工和城鎮居民顧全大局，體諒國家困難，聽從政府安排，紛紛返鄉或下鄉。到年底，職工比年初減少 820 萬，城鎮人口減少 1000 萬左右。

八屆九中全會後，中共中央還對工業進行了調整。工業調整不僅在計劃指標方面，而且在企業秩序方面。針對「大躍進」給企業管理帶來的許多混亂現象，中共中央制定了《國營工業企業工作條例（草案）》，即「工業七十條」。這個文件不僅恢復了在「大躍進」中被廢弛和搞亂了的企業規章制度，而且建立健全了一些以前不曾建立的制度。「工業七十條」的貫徹執行，使企業出現一些新氣象。

同經濟工作相配合，文化工作的各個領域也開始進行調整。這方面的調整是從制定科學、教育、文藝等方面的工作條例着手的。1961 年到 1962 年春，在中共中央領導下，中央有關部門分別制定出「科學十四條」「高教六十條」「文藝八條」等條例。這些條例總結新中國成立以來特別是「大躍進」以來的經驗教訓，調整共產黨同知識分子的關係，貫徹落實科學和文化工作中的「百花齊放，百家爭鳴」的方針，規定必須保證科研工作的穩定性，學校以教學為主，文藝為政治服務不能理解得過於狹窄。這些條例的貫徹執行，使共

產黨同知識分子的緊張關係得到緩解，工作秩序得到恢復，大多數知識分子心情較為舒暢，工作熱情重新煥發出來。

經過一年多的調整，三年「大躍進」造成的嚴重經濟困難的局面開始有了轉變。1962 年 1 月 11 日至 2 月 7 日，中共中央在北京召開擴大的中央工作會議，進一步總結 1958 年「大躍進」以來的經驗教訓，統一和提高全黨的認識，增強團結，動員全黨更堅決地執行調整方針，為戰勝嚴重困難而奮鬥。參加這次工作會議的有七千餘人，通常稱「七千人大會」。

劉少奇代表中央作了書面報告和講話，比較系統地初步總結了「大躍進」以來經濟建設工作的基本經驗教訓，分析了近幾年產生缺點錯誤的原因。劉少奇特別指出，過去我們經常把缺點錯誤和成績，比作一個指頭和九個指頭的關係，現在恐怕不能到處這樣套。從全國講，恐怕是三個指頭和七個指頭的關係。有些地區，缺點錯誤還不只是三個指頭，也可能是七個指頭。由於工作中的錯誤，有的地方是「三分天災，七分人禍」。關於「三面紅旗」，我們現在都不取消，繼續保持，繼續為「三面紅旗」而奮鬥。現在，有些問題還看得不那麼清楚。但是經過五年、十年以後，再來總結經驗，那時就可以進一步地作出結論。

中央幾位主要領導人在會上講了話。1 月 30 日，毛澤東在大會上發表講話，中心是講民主集中制，強調不論黨內黨外都要有充分的民主生活，讓群眾講話，並作了自我批評。他還強調，在社會主義建設上，我們還有很大的盲目性。社會主義經濟對我們來說，還有許多未被認識的必然王國。今後要下苦工夫調查它，研究它，在實踐中逐步地加深對它的認識，弄清楚它的規律。鄧小平、周恩來在大會上講話，分別代表中央書記處和國務院作了自我批評。

中央領導人帶頭認真總結幾年來的經驗教訓，尤其是帶頭對幾年來發生的問題作自我批評，使與會者解除了不少顧慮，勇於當面提出批評意見。一些省的分組討論中，與會者面對面地向省委主要負責人提出了尖銳的批評，暢所欲言，直抒己見；而不少被批評者也坦誠接受，懇切道歉，真誠作自我批評，一時間洋溢着幾年來少見的寬鬆氣氛。

七千人大會取得了在當時的歷史條件下所能取得的重要成果。會議發揚黨內民主，實質上是黨內關係的一次調整。七千人大會後，經濟的調整和政治關係的調整都有新的進展，在某些方面還從上到下進行了大膽探索。

七千人大會估計，經濟上最困難的時期已經度過。會後中共中央首先從財政赤字和通貨膨脹方面發現對困難仍然估計不足。1962年2月和5月，中央政治局常委兩次召開擴大會議，認為現在處於「非常時期」，如不採取果斷措施，國民經濟將進一步惡化。陳雲講了系統的意見，主張國民經濟安排一個恢復階段，從1960年算起大約要五年。他提出恢復階段的任務是克服困難，恢復農業，恢復工業，爭取財政經濟狀況的根本好轉，還要大規模減少城市人口，爭取一切辦法制止通貨膨脹。陳雲的意見得到中共中央贊同。

在實行調整的歲月裏，雖然面臨嚴重困難，但是領袖和人民、幹部與群眾休戚與共。毛澤東、劉少奇、周恩來等領導人以身作則，節衣縮食。經過全國人民的艱苦奮鬥，調整工作到1962年底取得明顯成效，農業生產開始回升，糧食總產量和農業總產值均比上年增加，結束了連續三年下降的局面。當年財政收支平衡，並有結餘，結束了連續四年赤字的狀況。市場商品供應方面有所緩和，城鄉人民生活開始略有上升。

◎ 1959 年成功研製中國第一台大型快速通用數字電子計算機

　　隨着國民經濟調整的深入，中共對知識分子政策作了進一步調整。1962 年二三月間，在全國科技工作會議和全國話劇、歌劇、兒童劇創作座談會上，周恩來毅然從實質上恢復了 1956 年知識分子會議上共產黨對中國知識分子狀況所作的基本估計，肯定知識分子的大多數已經屬於勞動人民的知識分子。陳毅講話宣佈給廣大知識分子「脫帽加冕」。隨後周恩來又在全國二屆人大三次會議作政府工作報告，重申了這一論斷。這一報告是經中共中央批准的。廣大知識分子感到心情更加舒暢。

　　中共中央對在政治運動當中受到傷害的黨外人士進行了甄別平反，並接續 1959 年就已開始的摘掉右派帽子的工作，到 1962 年大部分被劃為右派分子的人都已摘去帽子。七千人大會後，中共中央加快對幾年來在「反右傾」運動中受過批判和處分的共產黨員、幹部的甄別平反工作，對全國縣以下的幹部來一個一攬子解決，對過

去搞錯了的幹部統統平反，除個別有嚴重問題外，都不留「尾巴」。到 1962 年 8 月，全國有 600 多萬共產黨員、幹部和群眾得到平反。

在調整經濟、克服困難的過程中，人民群眾自身也尋找多種途徑渡過難關。其中最為突出的是農業生產責任制的出現和推行。1961 年，安徽省委主張對這種責任制加以支持和引導，在保證土地等生產資料集體所有和生產計劃等幾個「統一」的條件下，實行「定產到田，責任到人」的制度。除了安徽以外，甘肅、浙江、四川、廣西、福建、貴州、廣東、湖南、河北、遼寧、吉林、黑龍江等省區也都實行了各種形式的生產責任制。凡是實行了包產到戶的地方，效果大都較好，很受基層幹部和群眾擁護。

兩個趨向

★

　　經過七千人大會後半年多時間的進一步調整，國內形勢逐步好轉。但是中共指導思想的「左」傾錯誤並沒有從根本上糾正，對形勢和政策的許多看法在黨內尤其是黨的領導層中實際上還存在分歧。在嚴重的困難面前，這些矛盾和分歧暫時潛伏下來。形勢逐步好轉以後，隨着國內政策調整的進一步深入，再加上當時中蘇爭論的進一步激化，以及與部分周邊國家和地區的緊張關係加劇，黨內對形勢估量和工作指導上的分歧又逐漸發展起來。中共對中國自己的建設社會主義道路探索的進程，又發生了新的波折。

　　1962 年七八月間中共中央在北戴河召開工作會議。會議原定議題是討論農業、糧食、商業和工業支援農業等問題。會議一開始，毛澤東就提出階級、形勢、矛盾問題，於是會議的重點就轉為討論階級鬥爭問題。9 月，中共中央又召開八屆十中全會。這兩次會議上，毛澤東多次講話，他把黨內一些認識上的分歧，當作階級鬥爭的反映，把他所不同意而實際上是符合客觀實際情況的一些意見，看成是右傾機會主義即修正主義的表現，把當時對嚴重困難形勢的冷靜估計和把困難估計夠的要求斥為「黑暗風」，把當時各地出現的「包產到戶」和黨內鄧子恢等人對「包產到戶」的支持斥為「單幹風」，把彭德懷對批判他「裏通外國」的申訴斥為「翻案風」。毛澤東聯繫對蘇聯赫魯曉夫觀點的批評和對國內形勢的觀察，反覆地

提出階級、矛盾和階級鬥爭問題，強調無產階級和資產階級之間的階級鬥爭，社會主義和資本主義這兩條道路的鬥爭，存在於由資本主義過渡到共產主義的整個歷史時期，階級鬥爭和資本主義復辟的危險性問題，我們從現在起，必須年年講、月月講。八屆十中全會上，毛澤東把社會主義社會中一定範圍內存在的階級鬥爭擴大化和絕對化，發展了他在 1957 年反右派鬥爭以後提出的無產階級同資產階級的矛盾仍然是中國社會的主要矛盾的觀點。這標誌着在階級鬥爭問題上的「左」的觀點進一步系統化，為中國共產黨在這個問題上「左」傾錯誤的再度發展，作了理論準備。會議按照毛澤東對形勢的估計和定下的基調，錯誤地開展了對所謂「黑暗風」「單幹風」和「翻案風」的批判。

八屆十中全會後，1963 年 2 月中共中央在北京召開工作會議，決定在全國城鄉發動一次普遍的社會主義教育運動，開展大規模的階級鬥爭。5 月，毛澤東在杭州召開會議，討論和制定了《關於目前農村工作中若干問題的決定（草案）》。這個決定草案共十條，它與同年 9 月中央工作會議制定的《關於農村社會主義教育運動中一些具體政策的規定（草案）》（內容亦有十條），後來被分別簡稱為「前十條」和「後十條」。「前十條」對中國國內政治形勢作了過分嚴重的估計，認為中國已經出現嚴重的尖銳的階級鬥爭的情況。「後十條」在充分肯定「前十條」關於階級鬥爭形勢和社教運動性質的論斷的基礎上，進一步提出了運動要「以階級鬥爭為綱」的方針。此後，社教運動經過試點，在全國較大範圍內開展起來。

1964 年五六月間，毛澤東、劉少奇對整個國內政治形勢作出了更為嚴重的估計，認為全國有三分之一左右的基層單位，領導權不在我們手裏，而在敵人和它的同盟者手裏，要求從反修防修和防止

世界大戰的總體戰略來部署工作。9月中旬，「後十條」修正草案正式下發。「後十條」修正草案對形勢作了更加不符合當時中國實際情況的嚴重估計，認為階級敵人拉攏腐蝕幹部，「建立反革命的兩面政權」，是「敵人反對我們的主要形式」；認為「這次運動，是一次比土地改革運動更為廣泛、更為複雜、更為深刻的大規模的群眾運動」；規定「整個運動都由工作隊領導」，這就把基層組織和基層幹部撇在了一邊。這是導致社教運動擴大打擊面的一個嚴重步驟。「後十條」修正草案的下發，以及在此前後中共中央採取的一系列重大措施，使1964年下半年社教運動的「左」傾錯誤得到迅速和嚴重的發展。到1964年下半年，城鄉社會主義教育運動嚴重地混淆兩類不同性質的矛盾，打擊了許多幹部和群眾，在相當大的範圍內造成了日益緊張的氣氛。

1964年12月15日至1965年1月14日，中央政治局在北京召開工作會議，討論社會主義教育運動中出現的問題，制定一個解決這些問題的文件。會議在討論過程中，領導人之間發生意見分歧。劉少奇在會上說主要矛盾是「四清」與「四不清」的矛盾，運動的性質是人民內部矛盾跟敵我矛盾交織在一起。毛澤東則認為，不是什麼「四清」「四不清」的矛盾，也不是什麼黨內外矛盾或者敵我矛盾的交叉，性質是反社會主義，重點是整黨內走資本主義道路的當權派。對劉少奇的不同意見，毛澤東十分生氣，並不點名地進行多次尖銳批評。會議制定了《農村社會主義教育運動中目前提出的一些問題》，即「二十三條」。這個文件雖然肯定幹部的大多數是好的或比較好的，要儘快解脫他們，但在指導思想上卻更加發展了階級鬥爭問題上「左」的錯誤理論。它不但片面強調社教運動的性質是解決社會主義和資本主義的矛盾，而且把解決無產階級和資產階級

兩個階級的鬥爭、社會主義和資本主義兩條道路的鬥爭，上升為十幾年來中國共產黨的一條基本理論和基本實踐。特別是正式明確地規定運動的重點「是整黨內那些走資本主義道路的當權派」。

隨着社教運動「左」傾錯誤的日益發展和 1963 年中蘇兩黨爭論的日趨激烈，毛澤東認為中共黨內也已經出現了修正主義。他把中共中央一些部門負責人在調整過程中或更早一些時候提出的一些主張和建議，視作「修正主義的路線」「修正主義的思想」，並在 1963 年、1964 年同外國黨領導人的談話中，點名批評了中共的一些部門的主要負責人。

1963 年以後，在文化教育和意識形態領域中也開展了一系列錯誤的、日益加劇的批判。1963 年 12 月 12 日，毛澤東在中宣部文藝處一個材料上批示，對文藝工作提出了更加嚴厲的批評，說：「各種藝術形式——戲劇、曲藝、音樂、美術、舞蹈、電影、詩和文學等等，問題不少，人數很多，社會主義改造在許多部門中，至今收效甚微。」「許多共產黨人熱心提倡封建主義和資本主義的藝術，卻不熱心提倡社會主義的藝術，豈非咄咄怪事。」這一批示誇大了文藝界存在的問題，不符合文藝工作的實際情況。文藝界震動很大，形勢驟然緊張。中宣部於 3 月下旬連續召集文聯各協會黨組成員及黨員幹部開會，決定在文聯和各協會全體幹部中開展整風學習。1964 年 6 月，毛澤東對文藝界整風報告又作了批示，說：「這些協會和他們所掌握的刊物的大多數（據說有少數幾個好的），十五年來，基本上（不是一切人）不執行黨的政策，做官當老爺，不去接近工農兵，不去反映社會主義的革命和建設。最近幾年，竟然跌到了修正主義的邊緣。如不認真改造，勢必在將來的某一天，要變成像匈牙利裴多菲俱樂部那樣的團體。」毛澤東對文藝的第二個批示，在文藝工

作者中引起了更大震動。從 1964 年 7 月到 1965 年 4 月，文藝界開展了範圍更大的整風，整風不但在文聯及所屬各協會進行，而且擴展至文化部及其直屬單位。

在進行文藝界整風的同時，還發動了對一大批文藝作品及其作者的批判。這些在「左」傾思想指導下的批判，完全顛倒了文藝界的是非。當時受到批判的絕大多數作品，是調整以來文藝界創作的優秀的或比較優秀的成果。

從文藝界開始的錯誤批判，很快擴展到哲學社會科學各個領域。被批判的那些觀點，本來是在學術研究過程中提出來的，應當而且可以在正常的氣氛中進行討論，但在當時都被扣上「修正主義觀點」或「反黨反社會主義的政治問題」的帽子。這些被批判的代表人物，大都是文化、學術領域頗有影響的領導骨幹或很有成就的專家、學者，他們遭批判後，或被撤銷職務，或不能繼續進行正常的工作。這種錯誤的過火的批判，在廣大知識分子中造成草木皆兵、人人自危的緊張氣氛，傷害了他們的積極性，破壞了中共的「百花齊放，百家爭鳴」方針的貫徹執行，給文化、科學、教育事業的發展帶來了極大的消極影響。

八屆十中全會之後，政治上的「左」傾錯誤進一步發展，但總體上還沒有對經濟調整工作產生重大干擾。中央一線的領導人的主要精力，還是集中於抓經濟調整。全黨上下仍然在貫徹調整國民經濟的八字方針，努力恢復和發展生產。1962 年年底國民經濟出現全面好轉的形勢後，一種忽視經濟生活的嚴重問題依然存在，要求上基建、上速度的傾向再度抬頭。1963 年 9 月中共中央召開工作會議，冷靜地指出了仍然存在的問題，認為農業生產還沒有全面恢復到 1957 年的水平，整個工業和交通運輸業特別是基礎工業還很薄

弱，在提高質量、增加品種、填平補齊、技術改造、設備更新等方面，還需要進行大量工作，許多企業的經營管理，還要花大力進行整頓，外債還沒有全部償還。會議決定從 1963 年起，再用三年時間，繼續進行調整工作，作為第二個五年計劃（1958－1962 年）到第三個五年計劃（1966－1970 年）之間的過渡階段。

到 1965 年，調整任務全面完成。全黨和全國人民比較圓滿地實現了 1963 年 9 月中央工作會議所提出的繼續調整的目標。工農業總產值超過 1957 年的水平，工農業生產中農輕重的比例關係實現了在新的基礎上的協調發展，國民經濟生活中積累與消費的比例關係已基本恢復正常，財政收支平衡，市場穩定，雖然 1965 年全國人均糧食、食油、棉布的消費量仍略低於 1957 年，但由於整個經濟恢復，國民收入的增長，人民生活水平仍有所改善。1965 年，中國提前還清全部外債。

1964 年 12 月 20 日至 1965 年 1 月 4 日，在三屆全國人大一次會議上，周恩來宣佈：調整國民經濟的任務已經基本完成，工農業生產已經全面高漲，整個國民經濟已經全面好轉。周恩來提出從 1966 年開始執行第三個五年計劃，全國人民要努力奮鬥，把中國逐步建設成為一個具有現代農業、現代工業、現代國防和現代科學技術的社會主義強國。這是第一次在這樣莊嚴的場合鄭重地向全國人民提出實現四個現代化的任務。這個宏偉任務由於「文化大革命」的發生而未能按計劃付諸實施。

◎ 1964 年第一顆原子彈爆炸成功

發動「文化大革命」 1966.5—1968.9

1966.5
中央政治局擴大會議。

1967.2
「二月抗爭」。

1968.9
「全民奪權」。

林彪覆亡 1969.4—1971.9

1969.4
中共九大召開。

1970.8.23—9.6
九屆二中全會召開，毛澤東《我的一點意見》發表。

1971.9.13
林彪外逃叛國，機毀人亡，葬身異域。

結束「文化大革命」 1973.8—1976.10

1971-1973
「批林批孔」與調整國民經濟。

1973.8.24—8.28
中共十大召開。

1975
四屆人大一次會議與鄧小平主持中央工作。

1976.9.9
毛澤東逝世。

1976.10.6
中共中央粉碎「四人幫」，「文化大革命」結束。

第四章
CHAPTER FOUR

「文化大革命」

從 1966 年 5 月到 1976 年 10 月，中國發生了歷時十年之久的「文化大革命」。這是一場由領導者錯誤發動，被反革命集團利用，給中國共產黨、國家和人民造成嚴重災難的內亂。它使中國共產黨和國家遭到新中國成立以後最嚴重的挫折和損失。科學認識這段歷史，需要將「文革」的錯誤理論和實踐同「文革」時期這段歷史區別開來，廣大幹部群眾和黨內健康力量對極左思潮進行了各種形式的抵制和抗爭，中國的建設事業仍在艱難地向前發展，外交工作也打開了新局面。1976 年 10 月，「四人幫」被粉碎，「文化大革命」宣告結束。

發動「文化大革命」

★

　　從 1966 年 5 月到 1976 年 10 月，中國發生了歷時十年之久的「文化大革命」，使中國共產黨、國家和人民遭到了中華人民共和國成立以來最嚴重的挫折和損失。

　　「文化大革命」是從批判《海瑞罷官》開始點燃導火索的。1965 年 11 月 10 日，上海《文匯報》發表了姚文元的文章《評新編歷史劇〈海瑞罷官〉》。這篇文章是由江青出面組織，整個寫作活動是在祕密狀態下進行的，除毛澤東外，其他政治局委員都不知道。由於這篇文章點名批判北京市副市長、明史專家吳晗，毫無根據地攻擊他於 1960 年為響應毛澤東提倡海瑞精神而寫的《海瑞罷官》一劇是 60 年代初期階級鬥爭的反映，在北京主持中央工作的領導人採取慎重態度，北京各報刊在十多天內沒有轉載。這引起了毛澤東的不滿，由此更加深了他對北京市委以至中央一些領導人的懷疑，認為北京市委是一個「針插不進，水潑不進」的「獨立王國」。1965 年 12 月 21 日，毛澤東在杭州同陳伯達等談話時說，《海瑞罷官》的「要害問題是『罷官』」。此後，批判涉及的範圍迅速擴大。

　　1966 年 2 月 3 日，中央政治局委員、書記處書記兼任北京市委第一書記的彭真召集「文化革命五人小組」開會，起草了《關於當前學術討論的彙報提綱》（後被稱為「二月提綱」），試圖對已經出現的「左」的傾向加以適當約束，不贊成把它變為嚴重的政治批判。提綱

指出，討論「要堅持實事求是，在真理面前人人平等的原則，要以理服人，不要像學閥一樣武斷和以勢壓人」。提綱反映了黨內外相當多數人對思想文化領域的批判運動所持的慎重態度。

就在「二月提綱」擬定的同時，2月2日至20日，江青在中央軍委副主席、國防部長林彪的完全支持下，到上海召開部隊文藝工作座談會。會後整理了《林彪同志委託江青同志召開的部隊文藝工作座談會紀要》，經毛澤東修改後，於4月10日以中央文件的名義批發全黨。紀要全盤否定20世紀30年代中共所領導的進步文藝的積極作用，極力抹殺中華人民共和國成立以來文藝工作的成績，認定文藝界「被一條與毛主席思想相對立的反黨反社會主義的黑線專了我們的政」，號召要「堅決進行一場文化戰線上的社會主義大革命」。「黑線專政論」的提出，為全盤否定中華人民共和國成立後十七年文藝工作的成績，進而否定中央一線領導提供了理論依據。

在此期間，毛澤東主持召開一系列會議對彭真和中央書記處書記、國務院副總理、解放軍總參謀長羅瑞卿，中宣部部長陸定一，中央辦公廳主任楊尚昆進行批判。這些接連發生的事件在全黨引起了巨大震動，似乎修正主義不只是出在文化領域，也出在黨政部門、軍事機關。黨內瀰漫着極度緊張的氣氛。

1966年5月4日至26日召開的中央政治局擴大會議，是「文化大革命」正式發動的標誌。這次會議以反黨集團的罪名對彭真、陸定一、羅瑞卿、楊尚昆進行「揭發批判」，並正式解除他們的領導職務。會議通過的《五一六通知》對「二月提綱」進行了全面批判，提出「混進黨裏、政府裏、軍隊裏和各種文化界的資產階級代表人物，是一批反革命的修正主義分子，一旦時機成熟，他們就會要奪取政權，由無產階級專政變為資產階級專政」。要求全黨「高舉無產階級文化革命

的大旗，徹底揭露那批反黨反社會主義的所謂『學術權威』的資產階級反動立場，徹底批判學術界、教育界、新聞界、文藝界、出版界的資產階級反動思想，奪取在這些文化領域中的領導權」，「同時批判混進黨裏、政府裏、軍隊裏和文化領域的各界裏的資產階級代表人物，清洗這些人」。會議重新設立了實際上不受中央政治局約束的、「文化大革命」的指揮機構文化革命小組。

　　會議期間，江青、康生等人已將會議的某些內容散佈到社會上去了。5 月 25 日，北京大學聶元梓等人公開貼出大字報，把矛頭指向北京大學黨委和北京市委。5 月 31 日，陳伯達帶領工作組接管《人民日報》，次日發表《橫掃一切牛鬼蛇神》的社論。不幾日，北京市委被改組，北京大學被由北京市委派駐的工作組「代行黨委的職權」。

　　這些非常措施在全國引起強烈反響。大中學校的學生紛紛成立「紅衞兵」組織，起來「造修正主義的反」。基層黨委首當其衝，普遍成為「造反」的目標。主持中共中央工作的劉少奇、鄧小平，為防止混亂局面擴大，決定派工作組到大、中學校領導「文化大革命」。各單位群眾由於對「文化大革命」的理解和所持的態度不同，很快分成了「造反派」和「保守派」，並展開了激烈的鬥爭。各地工作組在領導運動的過程中，得到了多數群眾的支持，卻加劇了同造反派的對立。在如何領導運動的問題上，劉少奇、鄧小平等中央領導人同「中央文革小組」之間的分歧也日趨尖銳。中共黨內在工作組問題上發生的爭論，實際上是對進行「文化大革命」的目的和方法的爭論。毛澤東先是同意派工作組的，但「後來不贊成了」。根據毛澤東的意見，中共中央於 7 月 28 日決定撤銷工作組。接着，工作組被指責為犯了方向、路線錯誤，派出工作組被認為「是站在資產階級立場上，反對無產階級革命」。

為了正式制定「文化大革命」的方針和措施，排除在黨內遇到的「運動的阻力」，8 月 1 日至 12 日，毛澤東主持召開八屆十一中全會。會議期間，毛澤東寫了《炮打司令部——我的一張大字報》，矛頭直指劉少奇，點明了發動這次「大革命」的主要矛頭所向。全會通過的《關於無產階級文化大革命的決定》，對於運動的對象、依靠力量、方法等問題作出了錯誤的規定。參加會議的絕大多數人缺乏必要的思想準備，會議的不正常氣氛也使各項議程很難展開正常的討論，從而正式確認了發動「文化大革命」的「左」傾錯誤方針。

八屆十一中全會後，紅衛兵組織迅速發展，形成席捲全國的紅衛兵運動。紅衛兵運動最初是破「四舊」（指所謂「剝削階級的」舊思想、舊文化、舊風俗、舊習慣），隨後發展為「炮打」當地黨政領導機關的暴烈行為。在林彪和「中央文革小組」的肯定和讚揚下，打人、砸物、抄家之風愈演愈烈，各級領導機關普遍陷於癱瘓、半癱瘓狀態，社會一片混亂。9 月初，根據毛澤東倡議，紅衛兵開始「大串聯」。紅衛兵的「大串聯」，不僅使工農業生產受到直接影響，更使「懷疑一切」「炮打一切」的極左思潮急劇擴散開來。

「文化大革命」表面上轟轟烈烈地發動起來了，但是，這場「大革命」在多數幹部和工農群眾中並沒有得到支持。為了克服這種「阻力」，「批判資產階級反動路線」的問題被提了出來。10 月 9 日至 28 日，以批判「資產階級反動路線」為主題的中央工作會議在北京召開。這次會議是繼 5 月中央政治局擴大會議和 8 月十一中全會之後，對「文化大革命」進行的又一次發動。會上，陳伯達作了《無產階級文化大革命中的兩條路線》的報告。會後，全國掀起了批判「資產階級反動路線」的浪潮，各級領導機關和負責人普遍受到「炮打」、批判。「文化大革命」前由於缺乏有效社會機制未能解決而積累下來

的各種社會矛盾以畸形的狀態表現出來，五花八門的群眾「造反」組織擴展到社會的各個方面。由於林彪和「中央文革小組」的煽動，中央多次發佈的關於工廠、農村開展「文化大革命」的限制性規定被打破，造反浪潮全面擴展到工農業領域。

在衝擊各級領導幹部的過程中，各地還出現了「抓叛徒」的活動。在康生等人的誣陷下，各地先後製造出「六十一人叛徒集團」案、「內蒙古人民革命黨」案、「冀東叛徒集團」案、「『東北幫』叛黨投敵反革命集團」案、「上海地下黨」案、「廣東地下黨」案、「新疆叛徒集團」案等，大批久經考驗的領導幹部為此蒙垢受屈，以致身陷囹圄。

1967 年元旦，《人民日報》《紅旗》雜誌社論提出，「一九六七年，將是全國全面展開階級鬥爭的一年」，號召「向黨內一小撮走資本主義道路的當權派和社會上的牛鬼蛇神，展開總攻擊」。在張春橋、姚文元直接策劃下，1 月 6 日，上海市「工總司」等造反派組織召開「打倒市委大會」，批鬥了全市各單位、各部門幾百名領導幹部。會後奪了上海市的黨政領導大權。毛澤東大力支持奪權行動。山西、青島、貴州、黑龍江的造反派也先後「奪權」。全國掀起了全面奪權的風暴，這就是所謂「一月革命」。

「文化大革命」及其奪權鬥爭名義上是直接依靠群眾，但是，在大批黨政領導幹部被揪鬥迫害，中國共產黨的領導機關和各級組織普遍陷於癱瘓、半癱瘓狀態，廣大黨員和積極分子無法發揮作用的情況下，在黨紀國法被棄置不顧、國家的司法公安機關無法行使職權的情況下，實際上只是為一些野心分子、冒險分子、投機分子、蛻化變質分子以及各種社會渣滓，提供了不受任何約束，糾合在一起施展破壞力的條件。這一股打着最「革命」的旗幟的反社會勢力，成為林彪、江青一伙野心家製造動亂所依靠的社會基礎。全面奪權使派性鬥爭激

化，社會動亂加劇，大批黨政軍領導幹部遭到批鬥、打倒，武鬥以致流血事件不斷發生，生產建設事業受到損害。

這種局面不能不引起老一輩革命家的嚴重關注。1967 年 2 月前後，譚震林、陳毅、葉劍英、李富春、李先念、徐向前、聶榮臻等老幹部，在不同的會議上對「文化大革命」的錯誤做法和林彪、江青一伙的倒行逆施提出了強烈的批評。這些批評圍繞着三個原則性問題：第一，搞「文化大革命」要不要共產黨的領導；第二，搞「文化大革命」應不應該把老幹部都打倒；第三，搞「文化大革命」要不要保持軍隊的穩定。這些行動當時被認為是「大鬧京西賓館」「大鬧懷仁堂」，被誣為「二月逆流」，受到了壓制和打擊，實際上是老幹部為維護共產黨和國家的原則而進行的「二月抗爭」。此後，林彪、江青一伙在全國掀起「反擊自上而下的復辟逆流」的浪潮，更大規模地打擊對「文化大革命」不滿的各級領導幹部。

為保證「奪權」活動順利進行，1 月，中央發佈了《關於人民解放軍堅決支持革命左派群眾的決定》，要求軍隊積極支持左派的奪權鬥爭。不久，軍隊任務擴大為「三支兩軍」。在當時的情況下，軍隊做了大量工作，維護了必要的社會穩定，保護了一批幹部，減少了工農業生產和人民生命財產的損失，減輕了「文化大革命」造成的破壞。但是，在「文化大革命」全局性的錯誤中，執行「三支兩軍」的部隊和人員既缺乏思想準備，更不具備地方工作經驗，加上林彪、江青兩個集團的插手，使這項工作不能不發生許多錯誤，給部隊建設以及軍地關係帶來消極影響。

儘管中共中央為穩定局勢發出一系列文件，甚至派軍隊介入，仍達不到預期成效。在「奪權」的旗幟下，各地普遍形成相互對立的兩大派或更多的派別組織。它們雖然在政治傾向上有這樣那樣的差別，

但都是在極左思潮支配下進行造反、奪權活動，對「權」這個根本問題互不相讓，爭奪激烈，甚至釀成大規模武鬥。林彪、江青集團火上澆油，提出「文攻武衛」的口號煽動武鬥；提出「徹底砸爛公、檢、法」的主張，組織數萬人包圍中南海，衝擊國務院。在這種形勢下，發生了武漢數十萬軍民抗議中央代表團代表謝富治、王力支持一派、壓制另一派的「七二〇」事件。在此期間，還發生了火燒英國代辦處的嚴重涉外事件等。毛澤東後來把這種局面稱為「全面內戰」。

1967 年夏秋出現「天下大亂」後，毛澤東視察了華北、中南和華東地區，發表了一系列談話。他號召各地群眾組織實現大聯合；正確對待幹部；告誡造反派頭頭和紅衛兵「現在正是他們有可能犯錯誤的時候」。毛澤東還於 8 月底批准對「中央文革小組」成員王力、關鋒隔離審查。他還批發了多項命令、通知、佈告、通令，以維護社會秩序，保護國家財產，保障交通運輸，制止武鬥蔓延。

1967 年年底至 1968 年「全面奪權」「天下大亂」的局面，激起人民群眾的強烈不滿。1967 年年底至 1968 年年初，上海市某些群眾組織相繼貼出懷疑和批判江青、張春橋，反對造反派極端行徑的大字報。1968 年 2 月，外交部 91 名司局級幹部聯合貼出大字報，揭露煽動打倒陳毅的極左人物，要求陳毅回部工作。2 月底，國防科委黨委常委會明確提出「擁護以聶榮臻同志為核心的國防科委黨委的正確領導」。這類情況的不斷發生，引起「中央文革小組」的恐慌和仇視。3 月中旬，江青等人在多處宣稱，在全國「有一股右傾翻案風」，「為二月逆流翻案」。3 月下旬，發生了所謂「楊（成武）、余（立金）、傅（崇碧）事件」，這是林彪、江青一伙聯合製造的又一起迫害軍隊領導人的事件。反擊「右傾翻案風」使群眾組織派性復發，一些省、市脆弱的「大聯合」頃刻瓦解，內戰再起。許多地區的派性爭鬥發展到有預

謀地製造大規模破壞活動。一些大專院校學生組織的派性爭鬥愈來愈激烈，並釀成流血衝突。1968 年 8 月，中央發出《關於派工人宣傳隊進學校的通知》。全國大、中、小學都進駐了工宣隊和軍宣隊，一些「老大難」單位和軍事院校也派駐了工人和解放軍宣傳隊。

從 1967 年「一月奪權」到 1968 年下半年，在「全面奪權」的 20 個月裏，中央到地方的大批領導幹部或被革職罷官，或被下放管制，或被關進監獄。僅在中央文件和報刊上點名為「敵我矛盾」的 28 個省、市、自治區的主要負責人，就達 60 餘人。遍及全國的「全面內戰」使人民群眾的生命財產遭受巨大損失，國民經濟急劇惡化。經過持續 20 個月「全面奪權」的動亂，到 1968 年 9 月，全國（台灣省除外）29 個省、市、自治區相繼成立了革命委員會，標誌着「文化大革命」取得「決定性勝利」。

按照毛澤東的指示，革命委員會內部實行有革命幹部代表、軍隊代表、群眾代表參加的「三結合」，實行黨政合一、高度集中的領導體制。革命委員會的建立是以全盤否定中華人民共和國成立以來中國的黨政領導體制為前提的。它以抓階級鬥爭作為基本職能，被認為是「領導廣大革命群眾對階級敵人進攻的戰鬥指揮部」。革命委員會體制是中國政治體制在職能、結構上的一個倒退。就當時的情況説，革命委員會的成立畢竟在一定程度上結束了「文化大革命」前期的大動亂局面，填補了國家和地方權力的真空半真空狀態，使各項工作有可能逐步恢復和展開。

◎ 1968 年南京長江大橋全面建成通車

林彪覆亡

    1968 年 10 月 13 日至 31 日，中共八屆擴大的十二中全會在北京召開。會議在黨內生活極不正常的狀況之下，批准了關於劉少奇問題的「審查報告」，給劉少奇加上「叛徒、內奸、工賊」的罪名，作出完全錯誤的政治結論和「永遠開除出黨，撤銷其黨內外一切職務」的決議。這是「文化大革命」中製造的最大一起冤案。

    1969 年 4 月 1 日至 24 日，中共九大在北京舉行。林彪代表中共中央作政治報告。這個報告旨在為「文化大革命」作理論的和歷史的論證。為了說明「文化大革命」「是完全必要的，是非常及時的」，政治報告將中華人民共和國成立以來特別是 1957 年反右派以來中共在指導思想上和實踐上的許多「左」的錯誤作為正確的方面加以肯定，把中共在八大以後探索適合中國情況的社會主義建設道路過程中提出的許多正確的和比較正確的思想、政策和積極成果，作為「修正主義」的東西加以批判。

    政治報告的核心內容是闡述「無產階級專政下繼續革命的理論」。其主要內容是：認為共產黨內有一個「資產階級司令部」，它有一條修正主義的政治路線和組織路線，在各省、市、自治區和中央各部門都有代理人，因而要「公開地、全面地、自下而上地發動廣大群眾」向走資本主義道路的當權派奪權，這個奪權鬥爭實質上是「一個階級推翻一個階級的政治大革命」。政治報告以「無產階級專政下繼續革

命的理論」為核心，論述了「文化大革命的準備」「文化大革命的過程」，在肯定「文化大革命」的所謂成績和經驗的基礎上，提出了「搞好鬥、批、改，把上層建築領域中的社會主義革命進行到底」等任務。

會議通過的黨章把「無產階級專政下繼續革命的理論」寫進總綱，隻字不提發展生產力和社會主義現代化建設，取消了有關黨員權利的規定，還明文寫入「林彪同志是毛澤東同志的親密戰友和接班人」。大會選舉的中央委員會，把許多功勳卓著、久經考驗的革命家排斥在外，納入了一批林彪、江青幫派體系的骨幹。

九大的召開使「文化大革命」的理論和實踐合法化，加強了林彪、江青這兩個集團在中央領導核心中的地位。九大在政治上、組織上的指導方針都是錯誤的。

九大以後，「鬥、批、改」運動在全國展開。所謂「鬥、批、改」，包括開展「革命大批判」「清理階級隊伍」「建立三結合的革命委員會」「整黨建黨」「改革不合理的規章制度」「精簡機構，下放科室人員」等。

通過九大和九屆一中全會，林彪集團的權勢更加擴展，他們的野心也惡性膨脹。他們意識到江青集團的勢力有可能超過自己，林彪的接班人地位會發生變化，因而妄圖提前「接班」，為此進行了許多陰謀活動。1970 年 3 月，毛澤東提出召開四屆人大和修改憲法的問題，同時提出不設國家主席的建議。林彪卻堅持主張設國家主席，並表面上擁護毛澤東擔任主席，實際上是他自己想當國家主席。

1970 年 8 月 23 日至 9 月 6 日，中共九屆二中全會在廬山舉行。會議一開始，林彪就搶先發言，仍然堅持設國家主席的主張。他反覆稱頌毛澤東的功績，批駁並不存在的認為毛澤東對馬列主義沒有發展的觀點，提出「毛主席是天才」的論斷。林彪講話的矛頭是指向

江青集團的。在討論林彪講話的分組會上，林彪集團的成員陳伯達、葉群、吳法憲、李作鵬、邱會作等按照事先密謀，分別在各組抓住設國家主席和稱天才兩個問題，不指名地攻擊張春橋，亦即攻擊江青集團。參加會議的絕大多數人都表示極大的憤慨，要求把「不贊成毛主席當國家主席」的人「揪出來」。毛澤東立即採取措施，制止了混亂，並寫了《我的一點意見》，點名批評陳伯達，而對林彪則採取保護過關態度。從表面上看，九屆二中全會的鬥爭是圍繞着設不設國家主席問題展開的，實際上是林彪、江青兩個集團長期以來特別是九大以來不斷積累的矛盾的總爆發。以毛澤東《我的一點意見》的發表為標誌，這場鬥爭實際上已轉化為毛澤東領導的反對林彪集團的鬥爭。

九屆二中全會後，共產黨內開展了「批陳整風」運動。毛澤東採取一系列措施，逐漸削弱林彪集團的權勢。隨着「批陳整風」的開展，林彪的兒子林立果等人加快了進行反革命政變的步伐。1971 年 3 月 21 日至 24 日，林立果在上海祕密據點召集「聯合艦隊」主要成員密謀，起草了《「571」工程紀要》。8 月中旬至 9 月 12 日，毛澤東去南方巡視。他在同沿途黨政軍負責人談話中說，廬山會議上的那場鬥爭還沒有完。並指出：這次廬山會議，又是兩個司令部的鬥爭。林彪當然要負一些責任。

葉群得知情況後，一面向林彪報告，一面與林立果加緊密謀。林立果向「聯合艦隊」下達了「一級戰備」的命令。接着，策劃了謀害毛澤東，另立中央或叛逃國外的準備。毛澤東的高度政治警惕性和採取的機智措施，使林彪等人的謀害計劃破產。林彪等遂於 9 月 13 日外逃叛國，機毀人亡，葬身異域。「九一三」事件的發生，在客觀上宣告了「文化大革命」理論和實踐的失敗。

結束「文化大革命」

　　林彪事件發生後，隨着林彪集團的罪行材料陸續發出並逐步傳達到基層，全國開展了「批林整風」運動。毛澤東在周恩來協助下，採取一系列措施解決與這一事件有關的各種問題。中央對那些捲入林彪集團活動的人和單位進行清查，並對一些單位的領導班子進行了適當調整。

　　「九一三」事件的突發使毛澤東在精神上受到巨大的刺激。他覺察到「文化大革命」所造成的一些嚴重問題，在一定程度上改變了對一批老幹部的看法，親自抓了對一些重要幹部落實政策的工作。他的這些舉動，為加快落實幹部政策創造了條件。但是，毛澤東沒有認識到「文化大革命」的全局性錯誤，也沒有在這個轉折關頭毅然宣告結束這場「大革命」。毛澤東仍然用「無產階級專政下繼續革命的理論」宣稱林彪事件是激烈階級鬥爭的表現，是第十次路線鬥爭。他仍然讓江青一伙在中國共產黨和國家政治生活中起十分重要的作用。這就延長和加深了「文化大革命」對國家和人民所造成的災難。

　　在批林整風運動中，周恩來把批判林彪反革命集團的罪行和批判極左思潮結合起來，多次提出批判極左思潮的問題。周恩來指出，極左思潮「就是空洞、極端、形式主義、空喊無產階級政治掛帥」。在毛澤東的支持下，周恩來加快了落實幹部政策和知識分子政策的進

◎ 中國第一艘核潛艇下水

程，使一大批被打倒的黨政軍領導幹部重新走上重要領導崗位。

針對極左思潮對經濟工作的破壞，周恩來指示國務院採取果斷措施，對國民經濟的若干比例關係進行調整，強調加強統一計劃，解決「三個突破」的問題。在工業上，整頓企業管理，反對無政府主義，把產品質量問題放到第一位等，對恢復和發展生產起了推動作用。1970 年至 1973 年，中國進出口總額由 45.9 億美元上升到 109.8 億美元，回升之快，為中華人民共和國成立後少見。

在農村，中共中央發出關於農村人民公社分配問題的指示，開始糾正一些「左」的經濟政策，重申必須兼顧國家、集體和個人三者利益，堅持按勞分配原則，要求各地不要照搬照抄大寨大隊的勞動管理辦法和分配辦法，而要從實際出發，注意農業的全面發展，不能把政策允許的多種經營和家庭副業當成資本主義的東西加以否定等。

周恩來還抓了落實共產黨的科教、民族、統戰等政策的工作，強調認真清理教學和科研工作中的極左思潮，提高基礎理論水平，辦好綜合大學的理科；提倡為革命刻苦鑽研業務技術；提高質量，

勇敢攻關。在此期間，一度受到嚴重破壞的民族關係得到初步改善。

林彪事件後產生了一些重大的組織問題，其中最迫切的是修改載有林彪為接班人的黨章和選舉新的中央委員會，成立新的中央領導機構，中共中央決定提前召開十大。1973 年 8 月 24 日至 28 日，中共十大在北京召開。十大繼續肯定「文化大革命」，肯定無產階級專政下繼續革命的學說，堅持「黨在整個社會主義歷史階段的基本路線和政策」。十大還把「天下大亂，達到天下大治，過七八年又來一次」認定為「客觀規律」，宣稱反對林彪反黨集團這樣的鬥爭，還會出現十次、二十次、三十次。王洪文作關於修改黨章的報告，強調要「堅持無產階級專政下的繼續革命」，增寫了「文化大革命今後還要進行多次」這樣的內容。大會產生了第十屆中央委員會。鄧小平等一批在「文化大革命」中受到打擊和排斥的老幹部被選進中央委員會。十大以後，江青、王洪文、張春橋、姚文元在中央政治局內結成「四人幫」，江青集團的勢力得到加強。

中共十大以後，「四人幫」憑藉他們膨脹了的權勢，加緊篡黨奪權的陰謀活動。主持中央日常工作的周恩來成了他們蓄意打倒的主要目標。他們藉毛澤東批評周恩來主管的外交部和批評周恩來在 11 月間一次外事活動中的所謂錯誤為由頭，提出這是「第十一次路線鬥爭」，在一些基層單位發動「反右傾回潮運動」。在毛澤東作了林彪是「尊孔反法」的談話後，他們又利用批孔大做文章，在全國發起「批林批孔」運動。他們以批判孔子的「克己復禮」「興滅國，繼絕世，舉逸民」為名，影射攻擊周恩來是「現代的儒」，鼓吹「修正主義仍然是當前的主要危險」，對周恩來在 1972 年前後恢復「文化大革命」以前某些正確的政策措施、落實政策、安排一批老幹部重新工作等進行攻擊。「批林批孔」運動使周恩來等老一輩革命家在林

彪事件後經過艱苦努力剛剛趨向穩定的局勢又混亂起來，國民經濟重新遭到破壞，工業生產再次下降。

1975 年 1 月 13 日至 17 日，四屆全國人大一次會議在北京舉行。周恩來在《政府工作報告》中，重新提出在 20 世紀內全面實現農業、工業、國防和科學技術四個現代化的宏偉目標，把全國各族人民的注意力再次引到發展經濟、振興國家的事業上來。大會確定以周恩來、鄧小平為核心的國務院領導人選，為鄧小平主持工作奠定了組織基礎。但是，這次大會是在「批林批孔」運動中召開的，會議所作的報告、通過的決議和憲法，都受到「左」傾錯誤的嚴重影響。

四屆人大一次會議閉幕後，病重的周恩來繼續住院治療。鄧小平在毛澤東、周恩來的支持下，實際上開始主持中央工作。鄧小平提出四化建設是大局的思想和要全面整頓的任務，與「四人幫」批判「唯生產力論」和反對所謂「經驗主義」的活動進行了堅決鬥爭，果斷地對被搞亂了的各條戰線進行整頓。在經濟方面，鄧小平首先抓了鐵路整頓。經過整頓，到 4 月底，堵塞嚴重的幾個鐵路局全部疏通，全國 20 個鐵路局中有 19 個超額完成計劃。接着，鋼鐵工業開始了整頓。鄧小平強調：把鋼鐵生產搞上去，最重要的是建立一個堅強的領導班子，堅決同派性作鬥爭，認真落實政策，建立必要的規章制度。工業交通部門經過幾個月的整頓，形勢明顯好轉。科技工作也開始了整頓。文藝領域進行了政策調整。教育戰線的整頓也在積極着手。軍隊整頓，作為各方面整頓中至關重要的一環，繼 2 月取消軍委辦公會議，成立由葉劍英主持的中央軍委常務委員會後，於 6 月至 7 月召開中央軍委擴大會議。會後，對軍隊各大單位的領導班子進行了調整，對於抵制「四人幫」奪取軍隊領導權的陰

謀起了重要作用。在整頓的過程中，鄧小平領導起草了《關於加快工業發展的若干問題》（簡稱《工業二十條》）、《關於科技工作的幾個問題（彙報提綱）》（後來修改為《科學院工作彙報提綱》）等重要的文件和文章。這些文件和文章針對整個工業和科技領域存在的問題，以實現四個現代化為目標，提出了加快工業和科技發展的一系列措施。這些工作實際上是系統地糾正「文化大革命」的錯誤，恢復中國共產黨的正確的和比較正確的方針、政策，開始了當時條件下所能進行的撥亂反正。整頓在短時間內收到顯著成效，得到了廣大幹部和群眾的支持。1975 年鄧小平主持的全面整頓，是「文化大革命」期間代表正確和比較正確的發展趨向的黨內力量與「四人幫」的一場重大鬥爭。經過整頓，一些地區的武鬥逐步減少，大部分地區社會秩序趨於穩定，國民經濟由停滯、下降迅速轉向回升。

　　毛澤東雖然支持鄧小平主持中國共產黨和國家的工作，但他仍然認為「文化大革命」是正確的，他希望鄧小平在肯定「文化大革命」的前提下，實現安定團結，把國民經濟搞上去。但是，各條戰線整頓的展開，勢必觸及「文化大革命」的「左」傾錯誤思想和政策，逐漸發展到對這些錯誤進行系統的糾正，這就有從根本上否定「文化大革命」的可能。這種發展趨勢，既遭到「四人幫」的猖狂反對，也為毛澤東所不能容忍。1975 年下半年以後，他的病情逐漸加重，行動、說話都很困難。根據他的意見，由毛遠新擔任他和政治局之間的聯絡員。這期間，「四人幫」、毛遠新等別有用心的情況反映，對毛澤東作出錯誤決策起了極其惡劣的作用。11 月下旬，毛澤東錯誤地發動了「批鄧、反擊右傾翻案風」運動。

　　1976 年 1 月 8 日，周恩來逝世。他的逝世引起全黨全軍和全國人民的無限悲痛。2 月 2 日，經毛澤東提議，由華國鋒任國務院代總

理，同時主持中共中央的日常工作。

在悼念周恩來逝世的日子裏，「四人幫」一伙作出種種規定，壓制人民群眾的悼念活動，加緊開展「批鄧、反擊右傾翻案風」運動。「批鄧、反擊右傾翻案風」違背黨心民心，破壞了各條戰線剛剛出現的比較穩定的局勢，受到了廣泛的抵制。在人民群眾對「四人幫」一伙的憤恨越來越強烈時，《文匯報》在 3 月製造的兩起影射攻擊周恩來和鄧小平的事件，激起了群眾更大的憤怒。1976 年三四月間，發生了以天安門事件為代表的全國範圍的群眾悼念周恩來、反對「四人幫」的強大抗議運動。這個全國性的群眾抗議運動鮮明地表現了人心的向背，為後來粉碎江青反革命集團奠定了強大的群眾基礎。

◎ 毛主席紀念堂

9月9日，毛澤東逝世。「四人幫」加緊了奪取中國共產黨和國家最高領導權的陰謀活動。這使葉劍英、李先念、陳雲等許多老一輩革命家深感憂慮。身為中共中央第一副主席、主持中央日常工作的華國鋒，在「四人幫」咄咄逼人的進攻下，也認識到必須消除黨和國家身上的這個癰疽。經過他同葉劍英、李先念以及汪東興反覆研究，決定對「四人幫」進行斷然處置。10月6日晚，中央政治局果斷採取措施，一舉粉碎「四人幫」，延續十年之久的「文化大革命」至此結束。這一勝利，從危難中挽救了中國的社會主義事業，為中國共產黨的歷史進入新的發展時期創造了前提。

解放思想 1977.2—1978.5

1978.5.11
《光明日報》發表了《實踐是檢驗真理的唯一標準》一文。

1977.8.12–8.18
中共十一大召開，提出建設社會主義現代化強國任務。

1977.2.7
提出「兩個凡是」。

重心轉移 1978.7—1979

1979.1.18–4.3
理論工作務虛會，鄧小平發表《堅持四項基本原則》講話。

1978.12.18–22
中共十一屆三中全會召開。

1978.9
鄧小平視察東北。

1978.7
國務院務虛會，研究如何加快中國現代化建設速度問題。

撥亂反正 1980.2—1982

1981.6
中共十一屆六中全會通過《關於建國以來黨的若干歷史問題的決議》。

1980.2
中共十一屆五中全會為劉少奇平反。

改革開放　1978—1984

1978
農村改革起步。

1980-1981
經濟特區的創辦。

1979-1980
個體經濟的產生與三資企業的誕生。

1980.5
中央出台農村工作一號文件。

1978-1984
城市企業擴權試點與責任制。

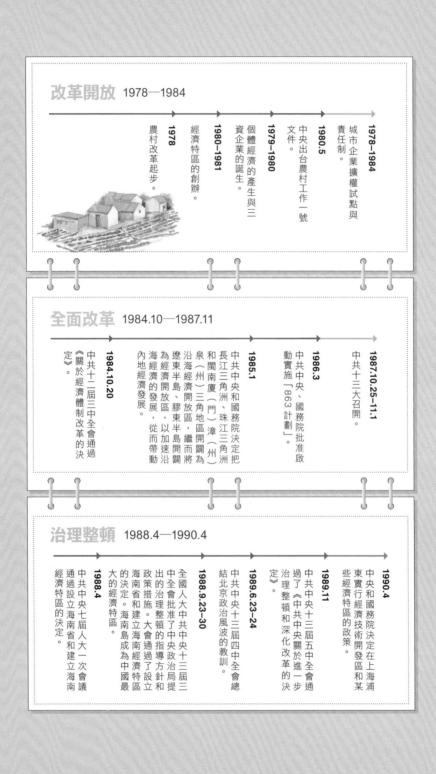

全面改革　1984.10—1987.11

1984.10.20
中共十二屆三中全會通過《關於經濟體制改革的決定》。

1985.1
中共中央和國務院決定把長江三角洲、珠江三角洲和閩南廈（門）漳（州）泉（州）三角地區開闢為沿海經濟開放區，繼而將遼東半島、膠東半島開闢為經濟開放區，以加速沿海經濟的發展，從而帶動內地經濟發展。

1986.3
中共中央、國務院批准啟動實施「863計劃」。

1987.10.25-11.1
中共十三大召開。

治理整頓　1988.4—1990.4

1988.4
中共中央七屆人大一次會議通過設立海南省和建立海南經濟特區的決定。

1988.9.23-30
全國人大中共中央十三屆三中全會批准了中央政治局提出的治理整頓的指導方針和政策措施。大會通過了設立海南省和建立海南經濟特區的決定。海南島成為中國最大的經濟特區。

1989.6.23-24
中共中央十三屆四中全會總結北京政治風波的教訓。

1989.11
中共中央十三屆五中全會通過了《中共中央關於進一步治理整頓和深化改革的決定》。

1990.4
中央和國務院決定在上海浦東實行經濟技術開發區和某些經濟特區的政策。

第五章
CHAPTER FIVE

歷史轉折

「文化大革命」結束後的中國，百廢待興。中共面臨着撥亂反正、使中國共產黨和國家在動亂後重新走向振興的艱巨任務。1978 年開展的真理標準大討論帶來思想大解放，加快了實現歷史轉折的進程。中共十一屆三中全會決定停止使用「以階級鬥爭為綱」的口號，把全黨工作的着重點和全國人民的注意力轉移到社會主義現代化建設上來，並且實行改革開放，從而實現了新中國成立以來中共歷史上具有深遠意義的偉大轉折。這標誌着中國共產黨人在新的時代條件下的偉大覺醒，顯示了中共順應時代潮流和人民願望、勇敢開闢建設社會主義新道路的堅強決心。從此，中國改革開放拉開了大幕。

解放思想

　　經過長達十年的「文化大革命」，積累下許多嚴重的政治問題和社會問題，整個局面可以說是百廢待興。中共面臨着撥亂反正、使黨和國家在動亂後重新走向振興的艱巨任務。完成這一任務，首先必須在指導思想上糾正過去的「左」傾錯誤，重新確立正確的指導思想。解放思想首當其衝。

　　1977 年 2 月 7 日發表的《人民日報》《紅旗》雜誌和《解放軍報》兩報一刊社論，提出「凡是毛主席作出的決策，我們都堅決維護；凡是毛主席的指示，我們都始終不渝地遵循」。「兩個凡是」的提出，不僅壓制了廣大幹部群眾的正當要求，也為糾正「左」傾錯誤和撥亂反正設置了禁區。為衝破這個禁區，以鄧小平為代表的中共黨內一批老一輩革命家帶領廣大人民群眾進行了艱巨而富有成效的努力。

◎ 1977 年恢復高考

1977 年 4 月 10 日，鄧小平在致中共中央的信中有針對性地提出了「用準確的完整的毛澤東思想來指導我們全黨、全軍和全國人民」的觀點，並很快得到黨內幹部的熱烈擁護。在黨內外的強烈呼籲聲中，1977 年 7 月，中共十屆三中全會終於全部恢復了「反擊右傾翻案風」時鄧小平被撤銷的全部職務；同時追認了關於華國鋒任中共中央主席、中央軍委主席的決定。

1977 年 8 月 12 日至 18 日，中國共產黨第十一次全國代表大會在北京召開。大會宣告了「文化大革命」的結束，並提出了建設社會主義現代化強國的任務，但對「文化大革命」的錯誤理論和實踐仍然作了充分肯定。在十一屆一中全會上，華國鋒被選為中共中央主席，葉劍英、鄧小平、李先念、汪東興為副主席，並由以上五人組成中央政治局常務委員會。

鄧小平復出後，首先從抓教育和科技入手，通過否定曾得到毛澤東批准的「兩個估計」（即「文化大革命」前的十七年教育戰線是資產階級專了無產階級的政，是「黑線專政」；知識分子的大多數世界觀基本上是資產階級的，是資產階級知識分子），開始教育和科技領域的撥亂反正，突破「兩個凡是」的禁區，進而又影響到平反冤假錯案和經濟、文藝等領域的撥亂反正。但是，這些撥亂反正，開展得都十分艱難，幾乎每前進一步，都會遇到「兩個凡是」思想的阻礙，都有人搬出毛澤東的批示或「語錄」進行詰難。

1978 年 5 月 11 日，《光明日報》發表了多人參與並經胡耀邦審定的《實踐是檢驗真理的唯一標準》一文。《人民日報》《解放軍報》等報刊於次日轉載。文章鮮明地提出：社會實踐不僅是檢驗真理的標準，而且是唯一的標準。馬克思主義的理論寶庫並不是一堆僵死不變的教條，對「四人幫」設置的禁錮人們思想的禁區，我們要敢

◎ 實踐是檢驗真理的唯一標準

於去觸及，敢於去弄清是非。

儘管文章只是對馬克思主義的基本常識作正面闡述，但實際卻批判了「兩個凡是」，並觸及盛行多年的屬於現代迷信的個人崇拜。因此，立即引起「兩個凡是」同實事求是兩種思想主張的激烈爭論，由此引發了關於真理標準問題的討論。

1978 年 6 月 2 日，鄧小平在全軍政治工作會議上講話時，着重闡述了毛澤東關於實事求是的觀點，批評了在對待毛澤東和毛澤東思想問題上的「兩個凡是」態度，指出：我們一些同志天天講毛澤東思想，卻往往忘記、拋棄甚至反對毛澤東同志的實事求是、一切從實際出發、理論與實踐相結合這樣一個馬克思主義的根本觀點，根本方法。實事求是，是毛澤東思想的出發點、根本點。他號召「一定要肅清林彪、『四人幫』的流毒，撥亂反正，打破精神枷鎖，使我們的思想來個大解放」。

鄧小平的講話使堅持實事求是，主張討論真理標準問題的人受到鼓舞。《人民日報》《解放軍報》《光明日報》等有影響的大報繼續發表討論真理標準問題的文章；中央、地方和軍隊的理論工作者、

新聞工作者先後舉辦了多次關於真理標準問題的討論會，甚至科技界也積極參與這一理論問題大討論；羅瑞卿、譚震林等一批老幹部也以不同方式支持並參與這場討論；從 1978 年 7 月底開始，各省、市、自治區及各大軍區、各軍兵種、軍委各直屬單位的主要負責人相繼發表講話或文章，公開表明支持關於真理標準問題討論的立場和主張。在許多人的共同努力下，這場討論迅速衝破重重阻力，蓬蓬勃勃地在全國開展起來。

這場大討論極大地促進了人們的思想解放，通過確立實踐標準，人們開始擺脫「兩個凡是」的束縛，實事求是地認識和處理撥亂反正中遇到的問題。組織工作部門開始提出以事實為根據，大膽地平反冤假錯案的要求，而不管是什麼人定的、批的；經濟領域開始從實際出發，堅決貫徹按勞分配原則，恢復了一些過去曾遭批判的行之有效的做法；特別是在農村工作中，一些地方的領導從本地的實際情況出發，大膽地對農村政策進行調整、探索，而不顧多年來某些「本本」、教條或「禁令」的束縛。從而，不僅在思想上，而且在實踐中；不僅使思想理論界，而且使黨內許多幹部，都衝破了「兩個凡是」設置的禁區，為重新確立實事求是的指導思想，糾正長期以來的「左」傾錯誤，實現歷史性轉折奠定了思想基礎。

重心轉移

★

真理標準問題討論帶來的思想解放，加快了實現歷史轉折的進程。

1978 年在平反冤假錯案問題上，「兩個凡是」的禁區開始被打破。到 1978 年年底，中央和國家機關 6000 多名待分配的幹部已有 5000 多名得到了安置，一大批老幹部重新走上了領導工作崗位。

中共黨內不少人在樹立實踐標準、破除「兩個凡是」的過程中，對中國二十多年來的社會主義建設進行了反思，開始改變了以往對於社會主義的傳統認識。1978 年 7 月 6 日至 9 月 9 日，國務院召開了為期兩個月的務虛會，研究如何加快中國現代化建設速度問題。與會人員在認真總結中華人民共和國成立以來經驗教訓的基礎上，紛紛提出了改革經濟管理體制，積極引進國外先進技術和資金的建議。其後不久，國務院召開的全國計劃會議又提出，經濟工作必須實行三個轉變：一是從上到下都要把注意力轉到生產鬥爭和技術革命上來；二是把管理制度和管理方法轉到按照經濟規律辦事的科學管理的軌道上來；三是從閉關自守或半閉關自守狀態轉到積極引進國外先進技術，利用國外資金，大膽進入國際市場的開放政策上來。這些思想醞釀，又從方針政策上為實現歷史轉折作了準備。

這期間，鄧小平也在不少場合多次講到，社會主義就是要加快發展生產力，要認真學習、積極引進國外的先進技術和管理經驗，大膽改革我們的經濟管理體制。1978 年 9 月，他在東北三省視察

時，再次強調要解放思想、實事求是，批評「兩個凡是」的觀點，指出：「我們現在要實現四個現代化，有好多條件，毛澤東同志在世的時候沒有，現在有了，中央如果不根據現在的條件思考問題、下決心，很多問題就提不出來、解決不了。」他還提出，揭批「四人幫」的群眾運動要適時地結束，把工作重點轉到建設上來。這一建議，很快得到了中央政治局常委的贊同。

在上述思想基礎上，經過一系列準備，中共中央工作會議於1978年11月10日在北京召開。華國鋒在開幕會上宣佈，這次會議議題：一是討論《關於加快農業發展速度的決定》和《農村人民公社工作條例（試行草案）》；二是商定1979年、1980年兩年國民經濟計劃安排；三是討論李先念在國務院務虛會上的講話。在討論這些議題之前，中央政治局決定，先討論一下結束全國範圍的揭批「四人幫」的群眾運動，從明年起把全黨工作着重點轉移到社會主義現代化建設上來的問題。

11月12日，陳雲在東北組發言，首先提出了解決歷史遺留問題的意見，引起了與會人員熱烈響應。11月25日，在與會人員強烈要求下，中央政治局終於作出了為天安門事件平反，為「薄一波等六十一人叛徒集團」案平反等項決定，解決了一批重大的歷史遺留問題。在實事求是方針的指導下，與會人員又先後討論了工作重點轉移的指導思想、農業長期落後的根本原因、經濟工作面臨的任務以及中國共產黨和國家的民主建設等問題。很多人在討論經濟問題時，都提出了改革經濟管理體制、引進國外先進技術設備的建議。

根據大家的討論情況，12月13日，鄧小平在閉幕會上作了題為《解放思想，實事求是，團結一致向前看》的重要講話。這篇講話對半年來熱烈開展的真理標準大討論作了總結，批評了「兩個凡

◎ 十一屆三中全會召開

是」和個人崇拜，提出了解放思想和打破僵化的迫切任務。這篇講話受到大家熱烈擁護，成為隨後召開的十一屆三中全會的主題報告。

　　經過中央工作會議的充分準備，1978 年 12 月 18 日至 22 日，中共十一屆三中全會在北京召開。全會認真討論了鄧小平的上述講話，一致同意從 1979 年起把中國共產黨和國家的工作重點轉移到社會主義現代化建設上來，確認了中央工作會議的各項重大決定，順利完成了各項議程。全會增選陳雲為中央政治局委員、中央政治局常委、中央委員會副主席；增選鄧穎超、胡耀邦、王震為中央政治局委員；增補黃克誠等九人為中央委員；選舉了以陳雲為第一書記的中央紀律檢查委員會。雖然華國鋒仍擔任中共中央主席，但就體現中共正確指導思想和決定現代化建設的重大方針政策來說，鄧小平實際上已成為中央領導集體的核心。

　　這次全會取得了一系列具有歷史意義的偉大成果：徹底否定了「兩個凡是」方針，恢復和重新確立了解放思想、實事求是的指導

思想，實現了思想路線的撥亂反正，這是一切撥亂反正的先導；停止使用以階級鬥爭為綱的口號，作出工作重點轉移的決策，實現了政治路線的撥亂反正；形成了以鄧小平為核心的中央領導集體，取得了組織路線撥亂反正的最重要成果；作出了實行改革開放的新決策，開始了中國從階級鬥爭為綱到以經濟建設為中心，從僵化到改革，從封閉到開放的歷史性轉變；在作出一系列加強農業的措施的同時，強調必須關心農民的物質利益，保障農民的民主權利，從而為啟動農村改革提供了支持和保證。

這些具有決定意義的重要成果，不但結束了粉碎「四人幫」後兩年來中國共產黨在徘徊中前進的局面，而且實現了黨和國家歷史性的偉大轉折，開闢了中國發展的新道路。從此，中國進入了改革開放和社會主義現代化建設的新時期。

撥亂反正

　　十一屆三中全會結束後，全黨立即在各個領域進行全面撥亂反正，主要集中在思想、政治、經濟和清理重大歷史是非四個方面。

　　一是堅持四項基本原則，澄清思想混亂。按照中共中央的部署，1979 年 1 月 18 日至 4 月 3 日在北京召開了理論工作務虛會。胡耀邦在會議開始時宣佈：召開這次會議的目的，一是要總結理論宣傳戰線的基本經驗教訓，把思想理論上的重大原則問題討論清楚，統一到馬克思列寧主義、毛澤東思想的基礎上來。二是要研究全黨工作重心轉移之後理論宣傳工作的根本任務，把馬克思列寧主義、毛澤東思想同新的實踐密切結合起來。中央宣傳部根據討論中提出的意見，決定停止使用「無產階級專政下繼續革命」和「以階級鬥爭為綱」等口號。

　　這時，社會上有極少數人利用中共糾正「左」傾錯誤的機會，打着「民主自由」「解放思想」的旗號，散佈懷疑和否定共產黨的領導、反對社會主義制度和毛澤東思想，主張資產階級自由化的言論。一些地方出現了少數人鬧事的現象，破壞了剛剛出現的安定團結和社會穩定。

　　鄧小平及時洞察到這股資產階級自由化思潮的嚴重危害性。3月 30 日，他在理論務虛會上代表中共中央作了題為《堅持四項基本原則》的講話，明確提出：我們要在中國實現四個現代化，必須在

思想上政治上堅持四項基本原則。第一，必須堅持社會主義道路；第二，必須堅持無產階級專政；第三，必須堅持共產黨的領導；第四，必須堅持馬列主義、毛澤東思想。鄧小平指出，這四項基本原則，是同三中全會以來中共中央實行的方針政策一致的。這篇講話既是對資產階級自由化思潮的有力批判，又是對中共十一屆三中全會路線的進一步闡述。從此，四項基本原則同改革開放和現代化建設一起，構成了十一屆三中全會路線的基本內容。

在擊退了資產階級自由化思潮後，1979 年 5 月，首先從部隊開始，全國各地陸續進行了關於真理標準討論的補課，使這場討論得到繼續深入。在補課中，各地廣大幹部群眾認真領會十一屆三中全會精神，解放思想，破除僵化，進一步端正了思想路線。這次補課不但鞏固了思想路線撥亂反正的成果，而且推動了解放思想和撥亂反正的深入，保證了十一屆三中全會路線的正確貫徹。

二是全面複查平反冤假錯案，解決歷史遺留問題。三中全會剛一結束，中共中央就為彭德懷、陶鑄公開平反，隆重舉行了追悼大會。此後，中央又陸續為在「文化大革命」中遭受迫害的賀龍、烏蘭夫、彭真、譚震林、羅瑞卿、陸定一、楊尚昆，還有在「文化大革命」前受到錯誤批判的習仲勳、黃克誠、鄧子恢等一批老革命家進行了平反。1980 年 2 月，中共十一屆五中全會作出決定，為劉少奇平反昭雪，撤銷八屆十二中全會強加給劉少奇的一切罪名和所作出的錯誤決議，恢復劉少奇作為偉大的馬克思主義者和無產階級革命家、中共和國家主要領導人之一的名譽。在此前後，一大批曾慘遭迫害的黨政軍負責人，一些蒙冤多年的中共早期領導人，如瞿秋白、李立三、張聞天等，先後得到平反昭雪；一批久經考驗的老幹部重新回到領導崗位；一些在「文化大革命」中被錯誤批判或遭受

◎ 恢復了勞動者成分

誣陷的黨政軍領導部門，如中宣部、文化部、總政治部等也被恢復了名譽；一批曾在「文化大革命」中乃至「文化大革命」前產生過全國性重大影響的冤假錯案，如「三家村」「胡風反革命集團」等，也先後得到平反昭雪。

在中央的要求和督促下，各地和各部門也加快了對冤假錯案的複查和平反。1979 年 1 月，中央紀律檢查委員會第一次全體會議曾特別提出：要堅持實事求是，有錯必糾。會議要求各級紀律檢查委員會抓緊處理積壓的案件，首先抓緊做好冤假錯案的平反和錯劃右派的改正工作。按照中央紀委的要求，各地和各部門的黨組織排除干擾，努力工作。到 1980 年 6 月，全國共有 54 萬多名錯劃右派得到了改正，被落實政策，得到妥善安置。到 1982 年年底，大規模的

平反工作基本結束。

在大規模平反冤假錯案的同時，中共中央對一些歷史遺留問題也進行了實事求是的處理。1979 年 1 月 11 日，中共中央作出《關於地主、富農分子摘帽問題和地、富子女成分問題的決定》，宣佈對多年來遵紀守法的地主富農分子以及反革命分子、壞分子，一律摘掉帽子，給予農村人民公社社員待遇。地主、富農家庭出身的子女，他們本人的成分和家庭出身，一律為公社社員，不得歧視。這一決定使至少 2000 萬人結束了政治上被歧視的處境，開始了新的生活。同年 11 月 12 日，中共中央批轉了中央統戰部等六部門《關於把原工商業者中的勞動者區別出來問題的請示報告》。根據這一文件，全國共有 70 多萬名小商、小販、小手工業者及其他勞動者被從原資產階級工商業者中區別出來，恢復了勞動者成分。此外，中共中央還認真檢查和糾正了民族、宗教等工作中的「左」的錯誤，落實了共產黨的各項政策。

根據廣大人民的意志，1980 年 11 月 20 日至翌年 1 月 25 日，最高人民法院特別法庭對林彪、江青兩個反革命集團的十名主犯進行了公開審判，伸張了正義，恢復了社會主義法制的尊嚴。各地方的人民法院也陸續對江青反革命集團的其他餘黨進行了審判。

三是實行「調整、改革、整頓、提高」的八字方針。鑑於國民經濟中一些重大比例關係嚴重失調的狀況，三中全會結束後，中共中央和國務院立即着手對國民經濟進行調整。與 60 年代的經濟調整不同，這次調整除糾正嚴重失調的國民經濟比例關係外，更着重於糾正經濟建設指導思想上的「左」的錯誤，樹立實事求是的指導方針。實際是在經濟領域進行撥亂反正。

首先是加強農業，理順農業與工業的關係。根據中共中央的

建議，國務院陸續頒佈了一系列加快恢復和發展農業生產的政策措施，包括絕對不許徵購過頭糧；縮小工農業產品的差價；提高主要農副產品的收購價格等等。1979 年 9 月中共十一屆四中全會正式通過《中共中央關於加快農業發展若干問題的決定》，其中的 25 項政策規定充分體現了從實際出發、按照群眾利益辦事、尊重和保護農民民主權利的精神。這些政策措施極大地調動了廣大農民的積極性，促進了農業生產的恢復和發展，也為人們進一步解放思想，進行農村改革創造了條件。

在其他方面的調整中，中共中央針對「左」的思想阻力和急於求成的習慣心理，做了大量艱苦細緻的工作。1980 年 12 月，中共中央召開工作會議對中華人民共和國成立以來經濟建設的經驗教訓和比例失調的根本原因進行了深刻分析。這次會議比較徹底地清理了經濟工作中的「左」的錯誤，進一步統一了全黨的思想認識。會後，調整方針得到了切實貫徹。到 1981 年年底，各項主要經濟比例關係趨於協調，國民經濟一度面臨的困難局面有了根本改變。

更為重要的是，通過經濟調整，全黨對「左」的指導思想和經濟體制中的弊端有了更加清醒的認識。在此基礎上，國務院提出了新的經濟發展指導方針，這就是：切實改變長期以來在「左」的思想指導下的一套老的做法，真正從中國實際情況出發，走出一條速度比較實在、經濟效益比較好、人民可以得到更多實惠的新路子。這是經濟領域撥亂反正的最重要成果。

四是解決中華人民共和國成立以來的重大歷史是非。完成這個任務的關鍵，在於必須徹底打破屬於現代迷信的個人崇拜的束縛，既要如實地指出並糾正毛澤東晚年的錯誤，又要正確維護毛澤東的歷史地位，堅持毛澤東思想。1981 年 6 月，中共十一屆六中全會審

議通過《關於建國以來黨的若干歷史問題的決議》，對中華人民共和國成立三十二年來的重大歷史問題作出了正確的結論，清理和糾正了「左」的錯誤；對「文化大革命」作出了徹底否定的結論，指出它是「一場由領導者錯誤發動，被反革命集團利用，給黨、國家和各族人民帶來嚴重災難的內亂」；對毛澤東的功過作出了實事求是、恰如其分的評價；對毛澤東思想作了充分闡述，莊嚴宣告：毛澤東思想是我們黨的寶貴的精神財富，它將長期指導我們的行動。《關於建國以來黨的若干歷史問題的決議》的通過，標誌着中共在指導思想上撥亂反正的任務已經勝利完成。此後，全黨又繼續努力，勝利完成了各個領域撥亂反正的歷史任務。

　　在認真清理和糾正「左」傾錯誤的同時，中共自身建設也得到加強。十一屆三中全會後不久，各省、市、自治區和各部門的黨委很快成立了紀律檢查委員會。根據中央紀律檢查委員會的要求，各級紀委都把維護黨規黨法，切實搞好黨風作為根本任務。1980 年 2 月，中共十一屆五中全會通過了《關於黨內政治生活的若干準則》，為加強黨的建設提供了重要法規。全會還決定重新設立中共中央書記處，選舉胡耀邦為中央書記處總書記，加強了黨的集體領導。1980 年 11 月，陳雲提出了「執政黨的黨風問題是有關黨的生死存亡的問題」的著名論斷，進一步引起了全黨對黨的建設的重視。

◎　《中國共產黨中央委員會關於建國
　　以來黨的若干歷史問題的決議》

改革開放

　　在全面開展撥亂反正的同時，改革開放也在十一屆三中全會後開始起步，並先後在農村改革、搞活企業和城市經濟、對外開放、共產黨和國家領導制度改革四個方面取得明顯效果。在此基礎上，中共十二大制定了全面開創社會主義現代化建設新局面的綱領。

　　改革首先在農村取得突破。安徽和四川率先在農村政策上進行撥亂反正，走在了農村改革前面。

　　早在 1978 年秋，面對百年不遇的特大旱災，中共安徽省委就作出了把土地借給農民耕種，不向農民徵統購糧的大膽決策。這一決策不但有效調動了全省農民的生產積極性，戰勝了特大旱災，而且還直接誘發了一些地區的農民索性幹起包產到戶。安徽省委對農民的嘗試沒有阻止，而是鼓勵幹部群眾堅持以實踐為標準，大膽探索。這年冬，安徽鳳陽縣梨園公社小崗村的 18 戶農民又採取了更為大膽的舉動。他們冒着坐牢的風險，訂了祕密協定，把土地分到各戶，規定在完成國家和集體的上繳任務後，剩餘多少全歸個人。小崗人沒有意識到，他們的這種包乾到戶的嘗試，不僅將使他們自己徹底告別貧困，而且還開啟了全國農村改革大潮的閘門，成為日後風靡全國的家庭聯產承包制的開端。

　　就在安徽醞釀實行包產到戶、包乾到戶的同時，四川省的農民也在省委領導的支持下向「一大二公」的人民公社體制發起挑戰。

◎ 小崗村

從 1978 年春開始，全省不少地方就搞起了包產到組的農業生產責任制。三中全會以後，隨着廣大幹部群眾的思想不斷解放，包產到組或包產到戶的範圍迅速擴大，並立即收到明顯效果，原有的人民公社領導體制顯得越來越不適應。在這種形勢下，四川廣漢縣向陽公社於 1980 年率先對人民公社的政社合一體制進行改革，撤銷人民公社，恢復建立鄉政府，成立了鄉農工商聯合總公司。中共四川省委給予支持，並逐步進行推廣。

在安徽和四川兩省的影響下，貴州、雲南、甘肅、廣東、內蒙古、湖北等省區的一些地方也先後實行了不同形式的農業生產責任制，並都在三中全會後得到迅速發展。

與此同時，中共中央也積極鼓勵廣大農民對各種形式的生產責任制進行探索，不設禁區，也不匆忙做定論，而是讓廣大農民大膽實踐，讓實踐來回答人們的疑問。1980 年 9 月，中共中央在《關於進一步加強和完善農業生產責任制的幾個問題》的文件中，明確肯

定了三中全會以來各地建立的各種形式的農業生產責任制，要求在不同的地方、不同的社隊，要根據實際情況，採取各種不同形式，不可拘泥於一種模式。同時指出，根據群眾的要求，可以包產到戶，也可以包乾到戶。在生產隊領導下實行的包產到戶是依存於社會主義，不會脫離社會主義軌道，沒有什麼復辟資本主義的危險，因而並不可怕。這是中共在農村政策上的重要突破，使廣大農民受到了鼓舞。

◎ 家庭聯產承包責任制

實踐的結果很快就為農民的改革探索作出了結論。1982 年 1 月 1 日，中共中央在當年發佈的一號文件中明確指出：目前實行的各種責任制，包括小的包工定額計酬，專業承包聯產計酬，聯產到勞、包產到戶、到組，包乾到戶、到組，等等，都是社會主義集體經濟的生產責任制。這是中共中央對包產到戶和包乾到戶的性質第一次作出明確肯定。從此，全國農村的廣大幹部群眾徹底甩掉了「包產到戶不是社會主義」的「緊箍咒」。「雙包」責任制迅速在全國農村推廣開來，並且都取得了出乎意料的好效果。到 1982 年 6 月，全國農村實行「雙包」責任制的生產隊已經達到 71.9%，其中實行包乾到戶的佔總數的 67%，包乾到戶已經成為農業生產責任制的主要形式。

1982 年，中國農業取得大豐收，其中糧食的產量比上年增加

2948 萬噸，這是多年來少有的。「雙包」責任制的威力已經毋庸置疑了。1983 年 1 月，中共中央在當年下發的一號文件《當前農村經濟政策的若干問題》中，把「雙包」責任制統稱為家庭聯產承包責任制，並給予了高度評價，指出這是「在黨的領導下中國農民的偉大創造，是馬克思主義農業合作化理論在中國實踐中的新發展」。文件還為進一步推動和引導農村改革規定了一系列政策，其中明確提出：要改革人民公社體制，實行聯產承包責任制，實行政社分設。此後，家庭聯產承包制很快在全國普及，撤銷人民公社、實行政社分設的改革也逐步展開，長久被壓抑的農村生產力得到迅速解放。中國沿用了二十多年的計劃經濟的傳統模式，首先被農村改革成功地突破了。

城市經濟體制改革也開始了試點。首先是擴大企業自主權。早在 1978 年 10 月，中共四川省委就選擇寧江機床廠、重慶鋼鐵公司、成都無縫鋼管廠、四川化工廠、新都縣氮肥廠、南充絲綢廠六個企業，開始進行擴大自主權的試點。經過幾個月實踐，這項改革很快有了成效。到 1979 年 8 月，參加試點的企業的產值和實現利潤分別比 1978 年同期增長了 14.1% 和 21.8%，企業和職工的積極性也比過去明顯提高。

繼四川擴權試點之後，1979 年 4 月，國家經濟委員會又決定在北京、天津、上海選擇首都鋼鐵公司、天津自行車廠、上海柴油機廠等八個企業進行擴權試點，允許它們在完成國家計劃的前提下，可以根據市場需要安排生產，並在人、財、物方面擁有相應的自主權。為了加強領導，1979 年 7 月，國務院發出了《關於擴大國營工業企業經營管理自主權的若干規定》等五個文件，對擴權企業進行指導。到 1980 年 6 月，全國進行試點的企業已發展到 6600 個。

隨着企業擴權試點的發展和農村廣泛實行生產責任制的影響，

一些企業也開始採用經濟責任制的辦法，圍繞國家與企業、企業與職工之間的責、權、利關係，貫徹聯產承包、按勞分配的原則，克服企業之間和企業內部吃「大鍋飯」的現象。1981 年 10 月，國務院頒佈了《關於實行工業企業生產責任制若干問題的意見》，要求各工業企業研究執行。文件下達後，經濟責任制很快在工業企業中推廣，並湧現出一批先進企業，取得了初步經驗。如第一批進行擴權試點的首都鋼鐵公司，從 1981 年起，在國務院和北京市政府的支持下，改變國家與企業之間利潤分成的辦法，實行利潤定額包乾，全年上繳利潤 2.7 億元，超過部分全部留給企業。1982 年，又確定以 2.7 億元為基數，每年上繳利潤遞增 6%，包死基數，確保上繳，超包全留，欠收自補，國家不再投資；企業內部則實行全員承包，責、權、利到人。到 1983 年，全國絕大多數國有工業企業和商業企業都實行了經濟責任制。與此相適應，一些企業還開始試行廠長負責制。

1980 年 8 月，為解決多年來積壓的大批待業青年的就業問題，中共中央專門召開全國勞動就業工作會議，制定了「解放思想，放寬政策，發展生產，廣開就業門路」的方針。根據這一方針，各級政府和部門對發展城鎮集體和個體經濟放寬了政策，鼓勵和扶持待業人員組織起來就業或自謀職業。結果，不但逐步解決了待業青年的就業問題，而且還使中國的所有制結構開始得到改善。

在新出現的所有制形式中，引人注目的是一批首次在中國出現的中外合資、中外合作企業。而更引人注目的，則是以吸引外資為主、外商直接投資辦企業為主的經濟特區的創辦。

1979 年 4 月，在中共中央召開工作會議期間，鄧小平聽取了廣東省委負責人關於在毗鄰港澳的深圳、珠海和僑鄉汕頭開辦出口加

◎ 建立深圳等經濟特區

工區的建議，他當即表示：「還是辦特區好，過去陝甘寧就是特區嘛，中央沒有錢，你們自己去搞，殺出一條血路來！」會後，中央和國務院立即組織有關部門前往廣東、福建進行考察。7月15日，中央和國務院批轉了廣東和福建省委關於在對外經濟活動中實行特殊政策和靈活措施的報告，決定對廣東、福建兩省的對外經濟活動給以更多的自主權，充分發揮兩省的優勢，擴大對外貿易，把經濟儘快搞上去。同時決定，先在深圳、珠海劃出部分地區試辦出口特區，待取得經驗後，再考慮在汕頭、廈門設置特區。這一重大決策使兩省的對外經濟活動很快呈現出蓬勃發展勢頭，特區也進入籌建階段。1980年5月，中共中央正式決定將「出口特區」改名為「經濟特區」，並要求經濟特區的管理，在堅持四項基本原則和不損害主權的條件下，可以採取與內地不同的體制和政策。特區主要實行市

場調節。8月，全國人大常委會批准了在廣東、福建的深圳、珠海、汕頭、廈門設置經濟特區的決定和《廣東省經濟特區條例》。經過一系列充分準備，從 1980 年下半年到 1981 年下半年，四個特區的建設先後全面啟動。來自全國各地的建設大軍陸續開赴這些僻靜的邊陲小鎮、荒灘漁村，頓時引起祖國內地和港澳同胞、海外僑胞的極大關注。

在特區建設者的艱苦努力下，經濟特區的面貌迅速發生變化，尤其是先行一步的深圳，更是成就驚人。到 1983 年，深圳的工農業總產值比 1978 年增長了 11 倍，和外商簽訂了 2500 多個經濟合作協議，成交額 18 億美元，引進設備 2500 多台。不過四年時間，這個昔日只有十幾家手工業作坊的荒涼小鎮，就變成了高樓大廈矗立、基礎設施完備的初具規模的現代化城市。這新奇的變化，強烈吸引着外資的流入和外商的到來。同時，作為中國的一種新事物，也引起了一些人的疑慮和擔憂，有人聯想起舊中國的租界，對特區的性質產生了疑問或動搖。特別是 1982 年發生了沿海走私和經濟犯罪活動的干擾後，經濟特區遇到了種種責難和攻擊。在這關鍵時刻，鄧小平給予了及時而有力的支持。1984 年 1 月 24 日至 2 月 15 日，鄧小平先後視察了深圳、珠海、廈門和上海寶山鋼鐵總廠，並相繼為深圳、珠海、廈門特區題詞。回到北京後，他專門就辦好特區和增加開放沿海城市問題同中央幾位負責人談話，指出：「我們建立經濟特區，實行開放政策，有個指導思想要明確，就是不是收，而是放。」「特區是個窗口，是技術的窗口，管理的窗口，知識的窗口，也是對外政策的窗口。」「除現在的特區之外，可以考慮再開放幾個港口城市，如大連、青島。」根據鄧小平的意見，中央書記處和國務院於 1984 年 3 月召開了沿海部分城市工作座談會，5 月，中央正

式決定，再開放沿海十四個港口城市，即：大連、秦皇島、天津、煙台、青島、連雲港、南通、上海、寧波、溫州、福州、廣州、湛江、北海。

在種種阻力面前，中國共產黨的對外開放方針沒有動搖，特區建設沒有停步，新的對外開放格局正開始形成。

在經濟體制改革逐步展開的同時，政治體制改革也提上日程。在 1980 年 8 月的中央政治局擴大會議上，鄧小平發表了《黨和國家領導制度的改革》的重要講話，深刻分析了中國共產黨和國家領導制度中的主要弊端，充分論證了政治體制改革的必要性，明確了改革方向。鄧小平還為共產黨的幹部隊伍建設提出了革命化、年輕化、知識化、專業化的要求。這「四化」要求後來成為全黨培養和選拔接班人的標準。

8 月 31 日，中央政治局高度評價了這篇講話。它實際上成為中國政治體制改革的綱領。按照中央部署，中國的政治體制改革逐步展開，並首先在克服權力過分集中、廢除實際存在的領導職務終身制、實現幹部隊伍年輕化等方面取得了進展。

1980 年，在五屆全國人大三次會議上，鄧小平、陳雲、李先念、徐向前、聶榮臻、劉伯承等一批老幹部主動辭去了自己所兼任的國務院副總理或全國人大常委會副委員長的職務。1982 年 2 月，中共中央作出《關於建立老幹部退休制度的決定》，7 月，中共中央決定設立顧問委員會，作為廢除領導職務終身制的過渡辦法。同時，一批年富力強者相繼走上中共中央和國務院的領導崗位。

全面改革

　　1982 年 9 月 1 日到 11 日，中國共產黨第十二次全國代表大會在北京召開。出席大會的正式代表 1545 人，候補代表 145 人，代表着中國共產黨 3900 多萬黨員。

　　鄧小平在大會上致開幕詞時，第一次提出了「建設有中國特色的社會主義」重大命題。他說：「把馬克思主義的普遍真理同中國的具體實際結合起來，走自己的道路，建設有中國特色的社會主義。這就是我們總結長期歷史經驗得出的基本結論。」從此，建設中國特色社會主義，就成為中國改革開放和社會主義現代化建設的主題和主線。

　　胡耀邦代表中共中央在大會上作了《全面開創社會主義現代化建設的新局面》的報告。報告總結了十一屆三中全會以來的歷史性偉大轉變，提出了中國共產黨在新時期的總任務，即：團結全國各族人民，自力更生，艱苦奮鬥，逐步實現工業、農業、國防和科學技術的現代化，把中國建設成為高度文明、高度民主的社會主義國家。

　　在開創新局面的各項任務中，首要的是經濟建設。報告提出，到本世紀末，中國經濟建設總的奮鬥目標是：在不斷提高經濟效益的前提下，力爭使全國工農業的年總產值翻兩番，即由 1980 年的 7100 億元增加到 2000 年的 28000 億元左右，使人民的物質文化生活

達到小康水平。在部署上要分兩步走：前十年主要是打好基礎，積蓄力量，創造條件，後十年要進入一個新的經濟振興時期。這是中共中央全面分析了中國經濟情況和發展趨勢之後作出的重要決策。

大會通過了新的《中國共產黨章程》。根據新黨章規定，大會選出了第十二屆中央委員會、中央紀律檢查委員會和中央顧問委員會。

在農村改革的推動下，中國城市經濟體制改革的試點也逐步擴大領域和範圍。一是繼續推行和完善企業內部的經濟責任制，探索充分發揮職工積極性的具體制度和辦法。二是從 1983 年開始，在國營企業逐步推行利改稅的改革，將國營企業應當上交的收入，按國家設置的稅種以向國家交稅的方式上交，由「利稅並存」逐步過渡到「以稅代利」，稅後利潤歸企業自己安排使用，把國家和企業的分配關係用稅的形式固定下來，以解決企業吃國家「大鍋飯」的問題。三是國務院先後選擇了沙市、常州、重慶、武漢、瀋陽、南京、大連等城市進行經濟體制綜合改革試點，要求這些城市加快步伐探索新的管理體制，並允許一些中心城市實行計劃單列。這些改革措施，調動了企業和廣大職工的積極性，但是也遇到不少困難和問題，其中最主要的是同傳統的計劃經濟體制發生的矛盾和衝突。形勢要求中共必須進一步解放思想，擺脫傳統觀念束縛，為加快改革步伐提供新的理論指導和政策支持。

1984 年 10 月 20 日，中共十二屆三中全會在北京舉行，討論通過了《中共中央關於經濟體制改革的決定》。這個《決定》突破了把計劃經濟同商品經濟對立起來的傳統觀點，明確提出中國社會主義經濟是「公有制基礎上的有計劃的商品經濟」，強調「商品經濟的充分發展，是社會經濟發展的不可逾越的階段，是實現中國經濟現代化的必要條件」。《決定》還規定了改革的各項基本方針政策，成為

◎ 新中國第一個股份公司北京天橋百貨股份有限公司成立

指導經濟體制全面改革的綱領性文件。

　　這個文件的公佈和實施，標誌着中國原來的計劃經濟體制開始向有計劃商品經濟體制轉變，實際也是向社會主義轉變邁出的重要一步。

　　一是在搞活企業方面，充分借鑒農村改革的成功經驗，廣泛推行承包經營責任制。到 1987 年，全國已有 9270 家國有大中型工業企業實行了多種形式的承包經營責任制。上海第二紡織機械廠 1987 年實行全員承包後，當年便實現利潤 24919 萬元，比 1986 年增長 19.49%，全員勞動生產率增長 18.83%，創機械行業同類指標的最高紀錄。同時，小型企業則廣泛採取了租賃制的改革措施，實行所有權與經營權的高度分離。到 1986 年 12 月，全國已有 6 萬餘家國有商店實行了租賃制。不過，這些承包制也逐漸暴露出一些缺陷，主要是產權不明和責權利關係不確定，容易引起企業的「短期行為」。為此，一些企業在擴大自主權，實行承包經營的基礎上，又開始試

行股份制，進行產權改革的嘗試。1984 年，新中國第一個股份公司——北京天橋百貨股份有限公司成立。

幾個月後，上海飛樂音響公司、上海豫園商場也試行股份制，向社會公開發行股票。其中飛樂音響的股票被美國紐約證券交易所作為中國第一張比較規範的股票樣品擺進了陳列室。股份制的試行，不僅開闢了民間融資和吸引外資的渠道，而且也規範了投資各方的權利、義務，有效地轉變了企業經營機制，對搞活國有大中型企業的積極作用已初見端倪。

二是適應發展有計劃商品經濟的要求，改變過去比較單一的所有制結構，積極培育社會主義市場體系。十二屆三中全會後，集體經濟、個體經濟，以及中外合資、中外合作和外商獨資的「三資」企業得到迅速發展。這種變化改善了中國的所有制結構，對於發展經濟，方便人民生活起了積極作用。

從 1984 年到 1987 年，國務院陸續改革了從中央到地方的商品批發體制，把供銷社由官辦的全民所有制改成民辦的集體合作商業；積極發展多功能的貿易中心和批發交易市場；大量增設農貿市場、零售商店、服務網點，拓寬了流通渠道，活躍了城鄉經濟。1985 年，國務院對價格體系進行改革，對糧食棉花實行合同定購，其餘農副產品價格逐步放開，實行市場調節；對重要生產資料，計劃分配部分價格基本不動，企業自銷部分，實行市場調節。由此出現了「雙軌制」價格體系，即國家行政定價的平價商品和市場調節價格的議價商品兩種價格形式，在有些情況下還有國家指導價作為補充形式。這是由計劃經濟向市場經濟轉軌中的過渡性價格形態，是中國改革中的一種特有現象。這種「雙軌制」在一段時期對中國的市場發育和經濟發展起了促進作用，但由於管理工作跟不上等原

因也出現了一些弊病。

三是進一步擴大對外開放。1985 年 1 月，中共中央和國務院決定再把長江三角洲、珠江三角洲和閩南廈（門）漳（州）泉（州）三角地區開闢為沿海經濟開放區，繼而再將遼東半島、膠東半島開闢為經濟開放區，以加速沿海經濟的發展，從而帶動內地經濟開發。至此，中國從南到北形成了由 4 個經濟特區、14 個沿海開放城市、3 個開放的三角洲和三角地區、2 個開放的半島構成的遼闊的開放地帶。

在 1983 年全國已經普遍實行家庭聯產承包制的基礎上，1984 年 1 月 1 日，中共中央又發出第三個關於農村改革的「一號文件」，要求將土地承包期一般延長到十五年以上，以鼓勵農民增加投資，培養地力，實行集約經營。各種專業人才有了發揮專長的可能，一批有文化、有技術、有經營能力的專業戶、重點戶很快湧現出來。1985 年 1 月 1 日發出的《關於進一步活躍農村經濟的十項政策》，提出了改革農產品統購派購制度，在國家計劃指導下，擴大市場調節，促進農村產業結構合理化的任務。以此為標誌，中國農村開始了以改革農產品統購派購制度、調整產業結構為主要內容的第二步改革。1986 年 1 月 1 日，中共中央和國務院在關於農村工作的部署中肯定了農村第二步改革的方針政策，要求繼續深入改革，改善農業生產條件，推動農村經濟持續穩定協調發展。

家庭聯產承包制的推行和農村產業結構的調整，為大批勞動力從農業解放出來並轉向第二、第三產業提供了條件，於是，以集體經營為主並有個體、私人經營的鄉鎮企業迅速發展起來。1984 年到 1988 年，鄉鎮企業平均每年增長 50% 以上。1987 年鄉鎮企業的產值達到 4764 億元，已佔農村社會總產值的 50.4%。這是農村經濟的

◎ 1982 年新憲法

一個歷史性大變化，是中國農民的又一個偉大創造，為農村剩餘勞動力從土地上轉移出來，為農村致富和逐步實現現代化，促進整個經濟的改革和發展，開闢了一條新路。

在全面推進改革開放和經濟建設的同時，社會主義精神文明建設也不斷得到加強。中共十二大提出了建設高度文明、高度民主的社會主義國家的奮鬥目標。在全社會開展了「五講四美三熱愛」活動，進行了做「四有」新人的教育，一大批具有時代特點的英雄模範人物湧現出來。

與此同時，在社會主義民主和法制建設方面，以 1982 年五屆全國人大五次會議通過的新的《中華人民共和國憲法》為依據，逐步制定和完善了各項基本法律；普遍成立了村民委員會這一群眾自治組織，擴大了人民民主；開展了依法嚴厲打擊經濟犯罪和刑事犯罪的鬥爭；在全社會廣泛開展了普法教育；保障了改革開放和現代化建設的順利進行。此外，中國共產黨還克服了資產階級自由化思潮的干擾，維護了安定團結的政治局面。

◎ 「863 計劃」

　　在領導改革開放和現代化建設的同時，中國共產黨注意加強了自身建設。從 1983 年 10 月到 1987 年春，全黨分三期進行了整黨。經過這次整黨和對錯誤傾向的批判，全黨在思想、作風、紀律、組織四個方面有了進步，同時積累了一些在新形勢下正確處理黨內矛盾、加強黨的建設的重要經驗。

　　1986 年 9 月 28 日，中共十二屆六中全會回顧和討論了幾年來精神文明建設的成就和面臨的問題，通過了《中共中央關於社會主義精神文明建設指導方針的決議》。

　　其他領域的改革也相繼邁出步伐。1985 年 3 月，《中共中央關於科學技術體制改革的決定》公佈實施。根據《決定》要求，從同年 4 月開始，中國陸續開放了科技市場；允許流通環節中多種所有制共存；改革科技管理體制，促進科研與生產緊密結合。5 月，中共中央、國務院批准實施促進科技振興農業的「星火計劃」，推動科學技術與農村經濟緊密結合。1986 年 3 月 3 日，王大珩、王淦昌等四位科學家上書中共中央，提出發展高技術的建議。這一建議後來被

◎ 中英聯合聲明

稱為「863 計劃」，並於 11 月得到中共中央、國務院的正式批准，
開始啟動實施。

　　1985 年 5 月，《中共中央關於教育體制改革的決定》頒佈實施。
通過改革，調動和發揮了地方和社會各界辦教育的積極性，初步調
整了中等教育結構，擴大了高等學校辦學自主權，發展了成人教
育，為教育事業的發展注入了活力。

　　隨着國際形勢的發展變化和中國外交工作新局面的出現，國防
建設的重點也根據國家建設的大局進行了調整，實現了國防建設指
導思想的戰略性轉變，即軍隊建設服從國家建設的大局，積極支援
和參加國家的現代化建設。1985 年 6 月，中國政府宣佈減少軍隊員
額 100 萬。

　　與此同時，祖國的統一大業也有了實質性進展。經過多輪談

判，1984 年 12 月 19 日，中英兩國政府終於正式簽署了關於香港問題的聯合聲明，宣佈中國政府將於 1997 年 7 月 1 日對香港恢復行使主權。「一國兩制」的構想得到實施。

1987 年 10 月 25 日至 11 月 1 日，中國共產黨第十三次全國代表大會在北京召開。大會第一次提出了中國正處於社會主義初級階段的理論，明確了中共在社會主義初級階段的基本路線。大會提出了「三步走」的經濟發展戰略：第一步，實現國民生產總值比 1980 年翻一番，解決人民的溫飽問題；第二步，到本世紀末，使國民生產總值再增長一倍，人民生活達到小康水平；第三步，到下個世紀中葉，人均國民生產總值達到中等發達國家水平，人民生活比較富裕，基本實現現代化。

大會高度評價了十一屆三中全會以來中國共產黨在總結正反兩方面經驗和研究國際經驗及世界形勢的基礎上，開始找到的建設有中國特色社會主義的道路，認為它是在中共歷史上把馬克思主義與中國實踐相結合的兩次歷史性飛躍中的第二個歷史性飛躍，開闢了中國社會主義建設的嶄新階段。大會還從指導思想、歷史階段、根本任務、發展動力、必要條件、總體佈局、國際環境等方面勾畫了建設有中國特色社會主義理論的輪廓。大會還對《中國共產黨章程》的部分條文作了修正，選舉產生了新的中央委員會、中央顧問委員會和中央紀律檢查委員會。

從 1984 年到 1988 年的五年間，在改革開放全面開展的推動下，中國的經濟建設經歷了一個加速發展的飛躍時期，展現了農業和工業、農村和城市、改革和發展相互促進的生動局面，國民經濟和綜合國力都上了一個台階，從而為改革的深化和戰勝可能遇到的困難奠定了必要的物質基礎。

治理整頓

★

20 世紀 80 年代中期以後，生產、建設、流通領域均發生了不同程度的混亂現象。特別是在流通領域，混亂現象已非常嚴重。一些官商不分的公司利用價格雙軌制從流通中轉手倒賣重要生產資料，牟取暴利，嚴重擾亂了經濟秩序，引起人民群眾強烈不滿。

面對這些矛盾和問題，中共十三大後召開的中央工作會議，確定了穩定經濟、深化改革的方針。進入 1988 年，一系列重大改革措施相繼出台，其中影響最大的就是價格改革。這年 8 月，中共中央政治局召開第十次全體會議，討論並通過了《關於價格、工資改革的初步方案》。會議決定將這個方案在黨外人士和有關專家中繼續徵求意見。但始料未及的是，方案通過的消息一經傳開，立即引起一場幾乎波及各大中城市的兇猛的搶購風潮。

為此，從 8 月底開始，中共中央和國務院採取一系列措施治理經濟環境，整頓經濟秩序。9 月 26 日至 30 日，中共中央召開十三屆三中全會，批准了中央政治局提出的治理整頓的指導方針和政策措施。全會確定，在堅持改革開放總方向的前提下，把 1989 年和 1990 年兩年改革和建設的重點突出地放到治理經濟環境和整頓經濟秩序上來，以扭轉物價上漲幅度過大的態勢，創造理順價格的條件，使經濟建設持續、穩步、健康地發展。會後，治理整頓工作逐步展開。

第一步的重點是壓縮投資需求和消費需求，為過熱的經濟降

溫。為此，國務院採取了一系列措施，加強了對物價的調控和管理。經過一年左右的治理整頓，取得了明顯效果。1989 年物價上漲的幅度明顯低於 1988 年。不過，以壓縮社會需求為重點的治理整頓，由於剎車過猛，也帶來一些負面效應，主要是市場疲軟、企業效益下滑。根據這一情況，中央對於治理整頓的側重點和壓縮力度及時作了調整，治理整頓也開始進入新的階段。

1989 年 6 月 23 日至 24 日，中共中央召開十三屆四中全會，總結北京政治風波的教訓。江澤民在會上旗幟鮮明地宣佈：「這次中央領導核心作了一些人事調整，但是，黨的十一屆三中全會以來的路線和基本政策沒有變，必須繼續貫徹執行。在這個最基本的問題上，我要十分明確地講兩句話：一句是堅定不移，毫不動搖；一句是全面執行，一以貫之。」

1989 年 9 月 4 日，鄧小平給中央政治局寫信，正式提出了辭去中共中央軍事委員會主席職務的請求。11 月 6 日至 9 日，中共十三屆五中全會召開，討論通過了《中國共產黨十三屆五中全會關於同意鄧小平同志辭去中共中央軍事委員會主席職務的決定》。全會在充分醞釀的基礎上，決定江澤民為中共中央軍事委員會主席，楊尚昆為第一副主席，劉華清為副主席。十三屆四中全會後，以江澤民為核心的新的中央領導集體總結和吸取了以往的經驗教訓，加強黨的建設和思想政治工作。

在平息了政治風波、穩定了社會局面後，中共中央繼續把一度被延誤的治理整頓、深化改革的工作提上重要日程。1989 年 11 月，中共十三屆五中全會通過了《中共中央關於進一步治理整頓和深化改革的決定》，提出包括 1989 年在內，用三年或者更長一點的時間，努力緩解社會總需求超過社會總供給的矛盾，逐步減少通貨膨

◎ 海南經濟特區

胍，使國民經濟基本轉上持續穩定協調發展的軌道，為到本世紀末
實現國民生產總值翻兩番的戰略目標打下良好的基礎。

在治理整頓的同時，改革開放並沒有停步。1988 年 4 月，七屆
全國人大一次會議通過了設立海南省和建立海南經濟特區的決定。
海南島成為中國最大的經濟特區。1990 年 4 月，中央和國務院決定
在上海浦東實行經濟技術開發區和某些經濟特區的政策。浦東的開
發，成為 20 世紀 90 年代中國改革開放進一步深化和取得顯著成就
的重要標誌。

明確目標　1992.1—1993.11

1993.11.14
中共十四屆三中全會通過《關於建立社會主義市場經濟體制若干問題的決定》。

1992.10.12–18
中共十四大召開。

1992.1.18–2.21
鄧小平發表南方談話。

宏觀調控　1993—1996

1996
中國經濟實現「軟着陸」，進入持續快速穩定增長時期。

1993.6.24
中共中央、國務院下發《關於當前經濟情況和加強宏觀調控的意見》。

1993.4.1
中共中央召開經濟情況通報會。

發展戰略　1994.3—1996.3

1996.3
八屆全國人大四次會議批准《國民經濟和社會發展「九五」計劃和2010年遠景目標規劃綱要》，對實施可持續發展戰略作出具體規劃。

1995.5.6
中共中央、國務院作出《關於加速科學技術進步的決定》，正式提出科教興國戰略。

1994.3
中國發表《中國21世紀人口、環境與發展白皮書》明確提出，中國將實施可持續發展戰略。

第六章
CHAPTER SIX

市場經濟

1992 年初，鄧小平發表南方談話，指出「計劃經濟不等於社會主義，資本主義也有計劃；市場經濟不等於資本主義，社會主義也有市場。計劃和市場都是經濟手段」。10 月，中共十四大明確提出中國經濟體制改革的目標是建立社會主義市場經濟體制。從此，中國改革開放和現代化建設進入新的階段。由計劃經濟體制向社會主義市場經濟體制的轉變，實現了改革開放新的歷史性突破，打開了中國經濟、政治和文化發展的嶄新局面。到 2000 年，社會主義市場經濟體制初步建立，「九五」計劃勝利完成。2001 年，國內生產總值接近 9.6 萬億元，比 1989 年增長近兩倍，經濟總量已居世界第六位。人民生活總體上實現了由溫飽到小康的歷史性跨越。

明確目標

★

　　20 世紀 80 年代末 90 年代初，中共和中國的發展處於又一個緊要關頭。隨着東歐國家的劇變，蘇聯的解體，國際社會主義運動出現低潮，長期以來的東西方兩極冷戰結束了。世界的這種大變動、大改組，對中國有着巨大的影響。相當一部分幹部和群眾的思想發生困惑，一些人對社會主義前途缺乏信心，一些人對改革開放提出了姓「社」還是姓「資」的疑問，對中共基本路線產生了動搖。在此關鍵時刻，1992 年初，鄧小平視察南方，發表了南方談話。

1992 年 1 月 18 日至 2 月 21 日，鄧小平先後視察武昌、深圳、珠海、上海等地。視察途中，他多次發表談話強調，中國共產黨的基本路線要管一百年，動搖不得。改革開放膽子要大一些，敢於試驗。計劃多一點還是市場多一點，不是社會主義與資本主義的本質區別。社會主義的本質，是解放生產力，發展生產力，消滅剝削，消除兩極分化，最終達到共同富裕。中國要警惕右，但主要是防止「左」。要抓住時機，發展自己，關鍵是發展經濟。發展才是硬道理。必須依靠科技和教育，經濟發展才能快一點。要堅持兩手抓，一手抓改革開放，一手抓打擊各種犯罪活動，兩隻手都要硬。在整個改革開放過程中必須始終堅持四項基本原則，必須反對腐敗，廉政建設要作為大事來抓。中國的事情能不能辦好，從一定意義上說，關鍵在人，說到底，關鍵是共產黨內部要搞好。社會主義經歷一個長過程發展後必然代替資本主義。這是社會歷史發展不可逆轉的總趨勢。一些國家出現嚴重曲折，社會主義好像被削弱了，但人民經受鍛煉，吸取教訓，將促使社會主義向着更加健康的方向發展。中國搞社會主義才幾十年，還處在初級階段。鞏固和發展社會主義，需要幾代人、十幾代人，甚至幾十代人堅持不懈地努力奮鬥。從現在起到下世紀中葉，將是很要緊的時期，我們要埋頭苦幹。

這些談話科學地總結了中共十一屆三中全會以來的基本實踐和基本經驗，從理論上深刻回答了長期困擾和束縛人們思想的許多重大認識問題，是把改革開放和現代化建設推向新階段的又一個解放思想、實事求是的宣言書。

鄧小平的南方談話正式傳達之後，立即在黨內外、國內外引起強烈反響和巨大震動。從中央到地方，形成了學習、宣傳、貫徹、落實南方談話精神的熱潮。許多人還在新一輪市場大潮的衝擊下湧

向廣東、海南等沿海開放城市尋找發展機會，甚至有的機關工作人員也丟掉「鐵飯碗」，辭職「下海」，試圖在「商海」一顯身手。

在貫徹落實鄧小平南方談話精神的過程中，中央的各項改革措施也隨之陸續出台，各地方、各部門的改革步伐進一步加快。中國的改革開放和現代化建設又形成了新的浪潮。

第一，以轉換企業經營機制為核心，進一步把企業推向市場。1992 年 6 月 30 日，國務院第 106 次常務會議通過了《全民所有制工業企業轉換經營機制條例》。這個文件以搞好國有大中型企業，貫徹落實《中華人民共和國全民所有制工業企業法》為重點，圍繞轉換企業經營機制，轉變政府職能，落實企業經營自主權等方面，有步驟地把企業推向市場。9 月 28 日，中共中央、國務院轉發了這個文件。

第二，積極推進綜合改革，逐步縮小指令性計劃。1992 年 6 月，國家科委、國家體改委在北京、瀋陽、武漢、重慶、中山等市的五個開發區，進行綜合改革試點，以產權制度、分配制度、科技人才分流，計劃管理與市場調節相結合等為重點，大膽進行改革試驗。6 月 16 日，中共中央、國務院作出《關於加快發展第三產業的決定》。同時，財政部決定從 1992 年起，在浙江、遼寧、新疆、天津，以及武漢、青島、大連、瀋陽、重慶九個省、市、自治區率先進行分稅制改革，按稅種劃分中央和地方收入來源，以取得經驗，再行推廣。9 月，國家計委宣佈，從 1993 年起，國家指令性計劃指標將減少一半，國家計委直接管理的工農業出口計劃指標將減少三分之一以上。同時加強政策協調，使計劃更好地面向市場，發揮國家計劃的宏觀調控作用。

第三，進一步開放沿海、沿邊、沿江和省會城市，形成多層

次、全方位的開放格局。為了進一步支持上海浦東新區的開發開放，1992年初，中央給上海擴大了一些項目的審批權，同時給予上海一些配套資金籌措權。3月，國務院批准海南省吸收外商投資，開放建設30平方公里土地的洋浦經濟開發區，實行封閉式管理，在區內實施保稅區的各項政策措施。與此同時，國務院批准黑河、綏芬河、琿春和滿洲里作為邊境地區的開放城市。3月中旬，國務院批准在溫州設立經濟開發區，這是對溫州經濟發展的肯定與支持。5月，繼上海、天津、深圳設立保稅區後，國務院又決定興建大連、廣州保稅區。山東、浙江、江蘇、福建等沿海省份也開始籌建保稅區。保稅區實行比經濟特區更加靈活、優惠的政策，按照國際慣例運行。6月，國務院又批准近60個市、縣、鎮列入對外國人開放的地區。其中南寧和昆明將實行沿海開放城市的政策。同月，國務院決定開放長江沿岸的蕪湖、九江、岳陽、武漢、重慶五個內陸城市，長江沿岸10個主要中心城市已全部對外開放。

1992年10月12日至18日，中國共產黨召開第十四次全國代表大會。大會正式代表1989人，代表全國5100多萬黨員。大會通過了江澤民作的《加快改革開放和現代化建設步伐，奪取有中國特色社會主義事業的更大勝利》的報告，通過了關於《中國共產黨章程（修正案）》的決議，選舉了新一屆中央委員會和中央紀律檢查委員會。

這次大會作出三項具有深遠意義的決策：一是確立鄧小平建設有中國特色社會主義理論在全黨的指導地位。二是明確中國經濟體制改革的目標是建立社會主義體制。三是要求全黨抓住機遇，加快發展，集中精力把經濟建設搞上去。

大會決定不再設立中央顧問委員會。從中共十二大到十四大，

中央顧問委員會協助中共中央，為維護中國共產黨的團結和社會穩定，推進改革開放和現代化建設，做了大量卓有成效的工作，為黨、國家和人民建立了歷史性功績，出色地完成了自己的使命。

中共十四屆一中全會選舉江澤民、李鵬、喬石、李瑞環、朱鎔基、劉華清、胡錦濤為中央政治局常委，江澤民為中央委員會總書記；決定江澤民為中央軍事委員會主席；批准尉健行為中央紀律檢查委員會書記。

以鄧小平南方談話和中共十四大為標誌，中國社會主義改革開放和現代化建設事業進入新的發展階段。

1993 年 3 月，中共十四屆二中全會通過了《關於調整「八五」計劃若干指標的建議》，建議將國民經濟增長速度由原定的 6% 調整到 8%—9%，以保證中共十四大提出的到本世紀末使國民經濟整體素質和綜合國力邁上一個新台階，國民生產總值超過原定比 1980 年翻兩番的目標。

在同月召開的八屆全國人大一次會議上，批准了這一建議。李鵬在會上作的《政府工作報告》中指出：今後五年經濟建設方面的任務是全面貫徹黨的十四大精神，抓住機遇，加快改革開放和現代化建設步伐，依靠優化結構、技術進步和改善管理，提高經濟效益，努力保持社會供求總量基本平衡，使國民經濟再上一個新的台階。這次會議選舉江澤民為國家主席、國家中央軍委主席；喬石為全國人大常務委員會委員長；決定李鵬為國務院總理。

經過中共十四大以後的初步實踐，黨內外多數人對建立社會主義體制的總體框架有了進一步的認識。在這種情況下，1993 年 11 月 14 日，中共十四屆三中全會通過了《關於建立社會主義市場經濟體制若干問題的決定》。這個《決定》是根據鄧小平建設有中國特色社

會主義的理論和中共十四大精神，把十四大提出的經濟體制改革的目標和基本原則加以具體化，在某些方面有進一步發展，制定了社會主義體制的總體規劃。這是中國在 20 世紀 90 年代進行經濟體制改革的行動綱領。

《決定》公佈以後，市場化改革的步伐進一步加快。其表現是：

在財稅制度方面，實行了分稅制。將各種收入分為中央財政固定收入、地方財政固定收入、中央和地方共享收入，並相應地對稅收徵管體系進行了調整，從而建立了中央與地方規範的分配關係。

在匯率方面，採取並軌制。實行普遍的銀行結匯售匯制，消除外匯雙重匯率，實行人民幣牌價與外匯調劑市場價並軌，建立起以市場供求關係為基礎的單一浮動匯率制度。

在外貿體制方面，適當放開進出口權限，放寬市場的調節作用，並在有些方面自覺與國際慣例接軌；在投資、融資體制方面，進一步強化企業的投資主體地位，在投資、融資領域更多地引入市場競爭機制；在價格管理體制方面，適當放開一些價格管制，使有些商品的價格隨市場浮動。

此外，隨着社會主義體制的推行，還相應地頒佈了一系列法規，從而在市場作用的有序化方面進行了有益的探索。這些法律和法規，對市場主體和產業部門提出了各種不同要求的規範，儘管這些規範還不夠完善，但對市場的有序化發展還是起到了積極作用的。

宏觀調控

　　中共十四大以後，隨着市場化改革步伐的進一步加快，新一輪改革大潮迅速興起，給整個國民經濟帶來了蓬勃發展的良好勢頭。從經濟長勢來看，1992 年，國內生產總值比上年增長 14.2%，1993 年比 1992 年增長 13.5%，1994 年又比 1993 年增長 12.6%；全社會固定資產總額 1992 年比上年增長 44.4%，1993 年比 1992 年增長 61.8%，1994 年又比 1993 年增長 30.4%；全國財政收入 1992 年比上年增長 10.6%，1993 年比 1992 年增長 24.8%，1994 年又比 1993 年增長 20%。

　　然而，增長速度雖然較快，但是由於經濟增長主要不是依靠技術進步而是依靠高投入實現的，因而從 1992 年下半年開始，經濟生活中便顯露出失衡的苗頭，到 1993 年上半年經濟過熱和通貨膨脹的現象就更加突出起來。一是貨幣投放過量，金融秩序混亂。二是投資需求和消費需求都出現膨脹的趨勢。三是財政困難狀況加劇。四是由於工業增長速度日益加快，基礎設施和基礎工業的「瓶頸」制約進一步加大。五是出口增長乏力，進口增長過快，國家外匯結存基本無增長。六是物價上漲過快，通貨膨脹呈現加速之勢。

　　上述情況表明，宏觀經濟環境已經失衡，有些矛盾和問題還在繼續發展。對此，中共中央及時抓住苗頭，以積極態度採取了疏導的方針。

1993 年 4 月 1 日，中共中央召開的經濟情況通報會要求各地全面、正確、積極地貫徹鄧小平幾次談話的精神，堅持解放思想和實事求是的統一，做到既加快發展，盡力而為，又從實際出發，量力而行，避免大的起伏，避免大的損失，把經濟發展的好勢頭保持下去。

5 月 9 日至 11 日，江澤民在上海主持召開的華東六省一市經濟工作座談會上講話時提出：要把加快發展的注意力集中到深化改革、轉換機制、優化結構、提高效益上來。5 月 19 日，江澤民給國務院領導人寫信，強調要抓緊時機解決當前經濟工作中存在的一些問題，否則，解決問題的時機就會稍縱即逝，倘若問題積累，勢必釀成大禍。此外，在研究推進投資、財稅、金融等方面的改革時，中央都提出了加強宏觀管理的要求。

為落實中央的一系列重要指示，在國務院副總理朱鎔基主持下，國家計委組織 7 個部門奔赴全國 14 個地區展開調查，並會同國家財政部、中國人民銀行起草了加強宏觀調控的 16 條意見。

從 1993 年 5 月下旬至 6 月初，中央連續召開會議，研究解決經濟過熱、加強宏觀調控的措施。6 月 24 日，中共中央、國務院下發了《關於當前經濟情況和加強宏觀調控的意見》，即中共中央 1993 年第六號文件。《意見》以實行適度從緊的財政貨幣政策、整頓金融秩序為重點，提出了加強和改善宏觀調控的 16 條措施，同時指出在解決問題時需要注意把握三點：一是要統一思想認識，堅持從全局出發，從長遠的持續發展出發，協調行動步伐，處理好局部與全局的關係；二是要着眼於加快改革步伐，採用新思路、新辦法，從加快新舊體制轉換中找出路，把改進和加強宏觀調控、解決經濟中的突出問題，變成加快改革、建立社會主義體制的動力；三是主要運

用經濟辦法，也要採取必要的行政手段和組織措施。

為貫徹落實《意見》提出的 16 條措施，中共中央和國務院在 7 月間連續召開了全國金融工作會議和全國財政、稅務工作會議。

在全國金融工作會議上，朱鎔基要求以中央六號文件來統一金融系統的認識，落實中央關於當前經濟工作的重要決策。對此，他強調要統一三個方面的認識：（一）強化宏觀調控，防止經濟過熱，是當前迫在眉睫的任務；（二）整頓金融秩序是強化宏觀調控的重要方面；（三）強化宏觀調控，不是實行全面緊縮，而是進行結構調整。

為了落實好宏觀調控的任務，他還向銀行系統領導幹部提出了「約法三章」：第一，立即停止和認真清理一切違章拆借，已違章拆出的資金要限期收回；第二，任何金融機構不得擅自或變相提高存貸款利率；第三，立即停止向銀行自己興辦的各種經濟實體注入信貸資金，銀行要與自己興辦的各種經濟實體徹底脫鈎。

在全國財政、稅務工作會議上，朱鎔基又提出了「整頓財稅秩序，嚴肅財經紀律，強化稅收徵管，加快財稅改革」的四句話要求。同時他還代表中共中央和國務院宣佈：中央已經決定，從 1994 年 1 月 1 日開始，在全國全面推行財稅體制改革，不搞試點。為此，他向財政、稅務戰線上的全體職工也提出了「約法三章」，即：第一，嚴格控制稅收減免；第二，要嚴格控制財政赤字，停止銀行掛賬；第三，財稅部門及所屬機構，未經人民銀行批准，一律不准涉足商業性金融業務，所辦公司要限期與財稅部門脫鈎。

中央除了在上述金融、財政、稅務等方面採取積極的措施以外，還從以下幾個方面着手對經濟發展實行宏觀調控：

一是正確處理速度和效益的關係，注意克服以往只注重速度不注重效益的傾向，把速度和效益同時擺上重要位置。

二是積極引導企業實施兩個根本轉變。1995年9月召開的中共十四屆五中全會明確提出了兩個具有全局意義的根本性轉變：一是從傳統計劃經濟體制向社會主義體制轉變，二是經濟增長方式從粗放型向集約型的轉變。兩個轉變的基本要求是，從主要依靠增加投入、鋪新攤子、追求數量，轉到主要依靠科技進步和提高勞動者素質上來，轉到以經濟效益為中心的軌道上來。

三是實施正確的產業政策。這是國家對經濟實行有效的宏觀調控的必要條件。1994年3月25日國務院第十六次常務會議審議通過的《九十年代國家產業政策綱要》中，明確提出了制定國家產業政策的原則，這就是：（一）符合工業化和現代化進程的客觀規律，密切結合中國國情和產業結構變化的特點；（二）符合建立社會主義體制的要求，充分發揮市場在國家宏觀調控下對資源配置的基礎性作用；（三）突出重點，集中力量解決關係國民經濟全局的重大問題；（四）要具有可操作性，主要通過經濟手段、法律手段和必要的行政手段保證產業政策的實施，支持短線產業和產品的發展，對長線產業與產品採取抑制政策。

隨着宏觀調控措施的有力貫徹和對改革、發展、穩定重大關係的處理，到1996年底，中國經濟終於成功地實現了「軟着陸」，從而進入了持續快速穩定增長的時期。

發展戰略

在改革開放和現代化建設實踐的推動下，經鄧小平的一再倡導和中共第三代中央領導集體的不懈努力，科教興國戰略逐漸得以確立。

1995 年 5 月 6 日，中共中央、國務院作出《關於加速科學技術進步的決定》，首次明確提出實施科教興國戰略的問題。按照中央

◎ 科教興國

的解釋，所謂「科教興國，是指全面落實科學技術是第一生產力的思想，堅持教育為本，把科技和教育擺在經濟、社會發展的重要位置，增強國家的科技實力及向現實生產力轉化的能力，提高全民族的科技文化素質，把經濟建設轉移到依靠科技進步和提高勞動者素質的軌道上來，加速實現國家的繁榮強盛」。

5 月 26 日，中共中央、國務院在北京召開全國科學技術大會，對科教興國戰略作出了全面部署。江澤民在大會上指出：「這次大會的主要目的，就是為了動員全黨、全國各族人民，全面落實鄧小平科學技術是第一生產力的思想，認真貫徹《決定》精神，在全國形成實施科教興國戰略的熱潮。」

科教興國戰略在改革開放和社會主義現代化建設中得到落實，並取得了顯著成效。其集中表現就是高新技術得到迅猛發展和科技成果轉化率的日益提高。

就高新技術的發展來看，「863」計劃和「火炬」計劃均已取得顯著效果，並且在一些高科技領域的研究上，已取得了一大批有重大突破和達到國際先進水平的成果，有的已經或正在被開發成高技術產品。中國已有了自己的正負電子對撞機、重離子加速器和同步輻射實驗室，而「銀河」巨型計算機的研製成功，水下導彈、「長征二號」大力捆綁式火箭、「亞洲一號」通信衛星等高科技成果研製成功與成功發射，也已表明中國在高能物理、計算機技術、運載火箭技術、衛星通信技術等方面有了新的突破。國家現已相繼批准建立了 52 個國家級高技術產業開發區，高技術成果商品化、高技術商品產業化、高技術產業國際化的體系正在逐步形成。

從科技成果的轉化率來看，「八五」期間全國取得的 3 萬項重大科技成果已有 2.5 萬項轉化為生產力。從 1992 年到 1996 年，成果轉

化和技術市場的發育已形成了互動的局面。

可持續發展，是當今國際社會普遍關注的重大問題。保護生態環境，實現可持續發展，已成為全球緊迫而艱巨的任務。1992 年，聯合國在里約熱內盧召開環境與發展大會。中國政府對此高度重視，李鵬總理率團參加，並承諾要認真履行會議所通過的各項文件。這次大會後不久，中國政府即提出了促進中國環境與發展的「十大對策」。

國務院環境保護委員會在 1992 年 7 月召開的第二十三次會議上，即決定由國家計劃委員會和國家科委等部門組織編製《中國二十一世紀議程──中國二十一世紀人口、環境與發展白皮書》（簡稱《中國二十一世紀議程》）。經多方努力，該《議程》於 1993 年 4 月完成第一稿，共 40 章，120 萬字，初步形成了人口、經濟、社會、資源、環境等各方面的可持續發展戰略、政策和行動框架。《議程》草案經多次修改後，於 1994 年 3 月由國務院常務會議討論通過。

《中國二十一世紀議程》作為中國發展問題的指導性文件，它形成以後即開始貫徹落實，其實施過程具體表現為：

第一，在各級的國民經濟和社會發展「九五」計劃及 2010 年遠景目標中體現可持續發展思想。1994 年 9 月起，國家計委、國家科委組織有關部門和專家，開展了將《中國二十一世紀議程》納入國民經濟和社會發展計劃的研究及培訓項目，培訓了近 300 名國務院有關部門和各省、市、自治區計劃、科技部門的幹部，完成了研究報告，為在《國民經濟和社會發展「九五」計劃和 2010 年遠景目標綱要》中，體現可持續發展思想和提出可持續發展戰略奠定了基礎，做了理論上的準備。

第二，廣泛開展《中國二十一世紀議程》優先項目的國際合作。

中國政府與國際組織和外國政府在環境與發展領域的國際合作日益加強，外國企業在中國也覓到了許多感興趣的合作機會。一批有關環境和發展方面的合作項目正在實施，有的項目已經完成。這些項目有力地促進了中國可持續發展戰略的落實。其中，瀾滄江—湄公河次區域合作項目進展較快；江西省山江湖的區域開發項目不僅得到國際社會的極大支持，並且已促使當地人在觀念上發生了極大的變化；黃河三角洲項目開展順利，山東省為此成立了領導小組；中國可持續發展網絡項目已正式啟動，該項目的實施將有力推動中國的信息共享。

總結經驗

　　在深化改革、擴大開放，推動國民經濟快速健康發展的進程中，中共中央從 1993 年起即着手進行「九五」計劃和 2010 年遠景目標的擬定工作。

　　1995 年 9 月 25 日至 28 日在北京舉行的中共十四屆五中全會，審議並通過了《中共中央關於制定國民經濟和社會發展「九五」計劃和 2010 年遠景目標的建議》。《建議》提出，「九五」期間，國民經濟和社會發展的主要奮鬥目標是：全面完成現代化建設的第二步戰略部署，到 2000 年，在中國人口將比 1980 年增長 3 億左右的情況下，實現人均國民生產總值比 1980 年翻兩番；基本消除貧困現象，人民生活達到小康水平；加快現代企業制度建設，初步建立起社會主義體制。2010 年的主要奮鬥目標是：實現國民生產總值比 2000 年翻一番，使人民的小康生活更加富裕，形成比較完善的社會主義體制。

　　9 月 28 日，江澤民在全會閉幕時發表重要講話。他指出，為切實完成「九五」計劃和 2010 年遠景目標的規劃，要正確處理社會主義現代化建設中的若干重大關係，即改革、發展、穩定的關係；速度和效益的關係；經濟建設和人口、資源、環境的關係；第一、二、三產業的關係；東部地區和中西部地區的關係；市場機制和宏觀調控的關係；公有制經濟和其他經濟成分的關係；收入分配中國家、企業和個人的關係；擴大對外開放和堅持自力更生的關係；中

央和地方的關係；國防建設和經濟建設的關係；物質文明建設和精神文明建設的關係。江澤民強調，能否處理好這些關係，對於中國現代化建設的成敗事關重大。這十二大關係，是對中國改革開放和現代化建設規律的系統概括和總結。

社會主義，說到底就是法制經濟。從 1994 年 12 月開始，江澤民等中共和國家領導人連續聽取有關法律知識的講座。1996 年 2 月，江澤民提出了依法治國、建設社會主義法治國家的奮鬥目標。這個目標在隨後召開的中共十五大和九屆全國人大一次會議上得到了確認。

在加速由計劃經濟向社會主義體制轉軌的過程中，一些與社會主義不相容的消極腐敗現象也隨之產生。為此，中共中央決定從反腐倡廉方面入手，加強黨的建設，以確保改革開放和社會主義現代化建設事業的順利進行。1993 年 8 月 20 日至 25 日，中紀委第二次全體會議在北京召開。這次會議提出了近期加強反腐敗鬥爭，推進黨風廉政建設要着重抓好的三方面的工作：一是加強對各級黨政機關領導幹部廉潔自律情況的監督檢查；二是集中力量查辦一批大案要案；三是狠剎幾股群眾反映最強烈的不正之風。

此後不久，中共中央、國務院又於 10 月 5 日作出《關於反腐敗鬥爭近期抓好幾項工作的決定》，提出了黨政機關縣（處）級以上領導幹部廉潔自律的五條規定。為落實中共中央、國務院的決定，中紀委、中組部、監察部於 10 月 8 日制定了《關於黨政機關縣（處）以上領導幹部廉潔自律「五條規定」的實施意見》。此後，中紀委還多次召開會議，研究貫徹落實。

為使反腐倡廉工作抓緊抓實，自 1993 年起，國務院每年召開一次反腐敗工作會議，專門研究部署當年的反腐敗鬥爭。一是加強了

◎ 反腐敗

廉潔自律工作的監督檢查。二是查處了一批貪污腐化方面的大案要案。其中查處的大案要案主要有北京市委陳希同、王寶森違紀違法案，廣東省原人大副主任歐陽德受賄案，中國民航總局原副局長邊少敏收受非法所得案等數十起。

　　在此基礎上，中共中央還針對新形勢下黨員幹部隊伍中出現的新情況、新問題制定了相應的黨風廉政建設的法規和制度。1992 年到 1997 年上半年，中共中央政治局通過一系列條例、準則和規定，其中十四屆四中全會於 1994 年 9 月 28 日通過的《中共中央關於加強黨的建設幾個重大問題的決定》，將黨的建設作為一項「新的偉大工程」提到全黨的面前，以引起全黨的重視。1997 年 9 月 27 日，中共中央發佈《中國共產黨紀律處分條例（試行）》，1998 年 3 月 28 日，中共中央印發《中國共產黨黨員領導幹部廉潔從政若干準則（試行）》。這兩個文件的發佈，使黨的建設在制度化、法制化的軌道上不斷前進。

　　以江澤民為核心的第三代中央領導集體，繼續堅持關於「兩手抓，兩手都要硬」的方針，從多方面加強社會主義精神文明建設。中共十四大把社會主義精神文明建設作為建設有中國特色社會主義

的一個主要任務加以強調，指出以「有理想、有道德、有文化、有紀律」為目標，建設社會主義精神文明，應作為 90 年代改革和建設的一項主要任務。1995 年中共十四屆五中全會進一步闡明：「在任何情況下，都不能以犧牲精神文明為代價來換取經濟的一時發展。」

為了推進社會主義精神文明建設，1992 年以後，還在全國深入持久地開展了愛國主義教育、民主和法制教育、加強黨風和廉潔從政教育。全國先後湧現出一大批體現時代特色、反映時代精神的先進典型，如孔繁森、徐洪剛、李國安、徐虎、李素麗、吳天祥、王啟民、吳金印等。

中共中央於 1996 年 10 月 7 日至 10 日召開十四屆六中全會，主要討論了思想道德和文化建設方面的問題。會議通過了《中共中央關於加強社會主義精神文明建設若干重要問題的決議》。為加強對精神文明建設的協調和指導，中共中央於 1998 年 5 月 26 日成立了精神文明建設指導委員會。各省、自治區、直轄市也建立了相應機構。

面對世界新的軍事革命的嚴峻挑戰，以江澤民為核心的中共中央、中央軍委審時度勢，制定了人民解放軍新的戰略指導方針，提出了「政治合格、軍事過硬、作風優良、紀律嚴明、保障有力」的總要求，軍事準備的基點要放在打贏現代化條件，特別是高技術條件下的局部戰爭上，實現人民解放軍建設由數量規模型向質量效能型、由人力密集型向科技密集型的轉變，走有中國特色的精兵之路。

在致力於改革開放和現代化建設的同時，中國對外關係也取得一定進展。同發展中國家的關係進一步鞏固，與大國和發達國家的關係逐步改善和發展，多邊外交取得顯著成效。特別是 1996 年 4 月，中俄兩國在睦鄰友好的基礎上，雙方進而又宣佈建立「平等信任、面向 21 世紀的戰略協作伙伴關係」。

祖國統一

　　完成祖國統一大業，是中華民族的根本利益所在，是全中國人民包括台灣同胞、港澳同胞和海外僑胞在內的共同心願。

　　進入改革開放和社會主義現代化建設的新時期以後，中共中央把祖國統一大業提上了日程。鄧小平從中國的歷史和現實出發，創造性地提出了「一國兩制」的偉大構想。按照這一構想，中國政府推動了香港、澳門回歸祖國的進程。

　　中英聯合聲明簽署以後，中國政府即着手起草《中華人民共和國香港特別行政區基本法》。1985 年 4 月 10 日，六屆全國人大三次會議作出關於成立中華人民共和國香港特別行政區基本法起草委員會的決定。同年 7 月 1 日，《基本法》起草委員會正式成立並開始工作。經過近五年的努力，《基本法》起草工作如期完成。1990 年 4 月 4 日，七屆全國人大三次會議審議通過了《中華人民共和國香港特別行政區基本法》，並正式頒佈，決定 1997 年 7 月 1 日起實施。

　　這部《基本法》是「一國兩制」構想的具體體現。其原則精神是：主體原則；「一國兩制」原則；保持香港繁榮穩定的原則；實行港人治港、高度自治的原則。其內容除序言及三個附件外，共 9 章 160 條，分別就中央和香港特別行政區的關係，香港居民基本權利、自由和義務，香港特別行政區政府機構的組成、職權和人員，經濟、社會和對外事務的制度和政策，以及區旗區徽等作了具體規

定。這就把「一國兩制」的方針，以法律的形式確定下來。《基本法》的通過和頒佈，標誌着香港回歸祖國進入後過渡期。

然而，香港的後過渡期並不是一帆風順的。1992年10月，上任不到三個月的第二十八任港督彭定康，對香港的平穩過渡採取不合作的態度。對此，中國政府一方面予以嚴正駁斥，爭取英方回到聯合聲明的立場上來；一方面又堅持「以我為主」，立足於依靠我們自己的力量和港人的共同參與來實現香港的平穩過渡，並提出了「以我為主，兩手準備」的方針。1993年7月2日，全國人大常委會決定成立香港特別行政區籌備委員會預備工作委員會。預委會的成立，標誌着中國在香港恢復行使主權的準備工作進入了一個新的階段。1994年8月31日，全國人大常委會通過決定：按照英方「三違反」方案產生的立法局，於1997年6月30日終止，授權特區籌委會按人大常委會有關決定和基本法的有關規定，組建香港特別行政區第一屆立法機構。

在中方的不懈努力下，1995年初，英方終於表示了願意改善兩國關係的願望，在與中方的合作上採取了比較積極的態度，使一些有關平穩過渡的問題達成協議，受到各方歡迎。

1996年1月26日，由94位香港委員和56位內地委員組成的香港特別行政區籌備委員會在北京宣告成立。籌委會不僅是一個工作機構，而且是一個權力機構，它將負責就籌建香港特別行政區的一切有關事宜作出決策，並組織執行和落實。這標誌着中國政府對香港恢復行使主權的準備工作進入了一個新的階段。1月28日，國務院、中央軍委發佈公告：中央人民政府駐香港部隊組成。同一天，駐港部隊在深圳市公開亮相。

1996年8月，推選委員會參選人員開始報名。11月1日至2

◎ 香港回歸祖國

日，籌委會第六次全會從 5800 多名報名人選中，推選產生出 400 位推委會委員。11 月 15 日，推委會正式成立，並推選出三位特區行政長官候選人，由此揭開了全面組建特區政府的序幕。12 月 11 日，現任全國政協委員、香港特別行政區籌委會副主任委員董建華在推選委員會第三次會議上當選為香港特別行政區第一任行政長官。12 月 12 日，香港特別行政區籌備委員會在深圳舉行第七次全體會議，通過報請國務院任命特別行政區第一任行政長官的報告。12 月 16 日，國務院召開第十一次全體會議，對這一報告作出決定。12 月 18 日，國務院總理李鵬在北京向董建華頒發了國務院的任命書。12 月 21 日，推選委員會在深圳舉行第四次全體會議，選舉產生了香港特別行政區臨時立法會的 60 名議員。1997 年 2 月 20 日，董建華任命了香港特區第一屆政府的 23 名高級官員。

　　1997 年 6 月 30 日午夜至 7 月 1 日凌晨，中英兩國政府香港交接儀式在香港會議展覽中心新翼五樓大會堂隆重舉行。英國米字旗

◎ 澳門回歸祖國

和港英的皇冠獅子旗降下，五星紅旗和香港特別行政區的五星花蕊紫荊花區旗升起。中國政府開始對香港恢復行使主權。這是洗刷中華民族百年恥辱的慶典。中英兩國政府香港政權交接儀式結束後，香港特別行政區政府立即宣誓就職。「一國兩制」「港人治港、高度自治」，由中國共產黨和鄧小平為香港前途設計的藍圖，在這一刻變成了現實。香港的發展從此進入了一個嶄新的時代。

在解決香港問題的過程中，中國政府還同葡萄牙政府就澳門問題展開磋商。經過四輪談判，於 1987 年 4 月 13 日簽署了《中華人民共和國政府和葡萄牙共和國政府關於澳門問題的聯合聲明》，宣佈澳門是中國領土，中國政府將於 1999 年 12 月 20 日對澳門恢復行使主權。此後，中國政府開始組織起草《澳門特別行政區基本法》，並於 1993 年 3 月八屆全國人大一次會議上獲得通過。

1999 年 12 月 20 日，中國政府和葡萄牙政府如期在澳門舉行了政權交接儀式。在高高升起的中華人民共和國國旗下，江澤民莊嚴宣告：中國政府開始對澳門恢復行使主權，中華人民共和國澳門特別行政區政府正式成立。澳門回到祖國懷抱，標誌着在中國的國土上徹底結束了外國列強的殖民統治。這是舊中國的歷屆政府所不能也不敢解決的問題，是中國共產黨對於中華民族的歷史性貢獻。

在香港、澳門回歸祖國的過程中，大陸與台灣的關係也逐漸朝着「一國兩制」、和平統一的方向發展。海峽兩岸結束了長期隔絕的局面。台灣同胞赴大陸探親、旅遊、經商的人次一年比一年增加，台胞在大陸的投資急劇增長，兩岸交往特別是文化交流得到較快發展。1993 年 4 月，大陸海協會會長汪道涵與台灣海基會董事長辜振甫舉行會談，這是海峽兩岸授權的民間團體最高負責人之間的直接會談。

1995 年春節來臨之際，國家主席江澤民於 1 月 30 日發表了《為促進祖國統一大業的完成而繼續奮鬥》的重要講話，提出了發展兩岸關係的八點主張，進一步闡明和發揮了鄧小平關於「和平統一，一國兩制」的方針，充分體現了中國共產黨和中國政府在台灣問題上所持的以國家和民族大義為重，尊重歷史與現實，既堅持原則又求同存異的公正立場，同時也提出了一系列發展兩岸關係的新建議和新思路，因而立即受到了海內外一切關心中國統一的人們的熱烈歡迎。

根據這八點主張，中國政府和人民為進一步促進祖國和平統一開展了多方面工作。海峽兩岸的經貿關係和民間往來交流活動繼續得到發展，實現祖國完全統一，已成為不可阻擋的歷史大趨勢。

跨越世紀

1997 年 2 月 19 日，中國改革開放和現代化建設的總設計師鄧小平不幸逝世。2 月 25 日，在鄧小平追悼大會上，江澤民在致悼詞時明確宣告：更高地舉起鄧小平建設有中國特色社會主義理論的偉大旗幟，更好地貫徹執行黨的基本路線，這是我們黨中央領導集體堅定不移的決心和信念，也是全黨全軍全國各族人民的共識和願望。全黨全軍全國各族人民一定要繼承鄧小平同志的遺志，把鄧小平同志開創的建設有中國特色社會主義的偉大事業推向前進。

5 月 29 日，江澤民在中共中央黨校省部級幹部進修班畢業典禮上發表重要講話，明確指出：在社會主義改革開放和現代化建設的新時期，在跨越世紀的新征途上，一定要高舉鄧小平建設有中國特色社會主義理論的偉大旗幟，用這個理論來指導我們的整個事業和各項工作，這是黨從歷史和現實中得出的不可動搖的結論。

1997 年 9 月 12 日至 18 日，中國共產黨第十五次全國代表大會在北京舉行。江澤民代表第十四屆中央委員會向大會作《高舉鄧小平理論偉大旗幟，把建設有中國特色社會主義事業全面推向二十一世紀》的報告。在這個報告中，首次使用了「鄧小平理論」的提法，把這一理論作為指引全黨全軍全國各族人民繼續前進的旗幟，着重闡明了在跨越世紀的征途上，必須高舉鄧小平理論的偉大旗幟，用鄧小平理論來指導我們整個事業和各項工作。

高舉鄧小平理論偉大旗幟，無疑是要以鄧小平理論為靈魂，把建設有中國特色社會主義的偉大事業勝利地推向前進。中共十五大也正是本着這一精神，對跨世紀的經濟、政治、文化、國防、外交以及黨的建設等領域的改革和發展作出了戰略性的部署。十五大報告指出，把建設有中國特色社會主義的偉大事業全面推向 21 世紀，就是要抓住機遇而不可喪失機遇，開拓進取而不可因循守舊，圍繞經濟建設這個中心，經濟體制改革要有新的突破，政治體制改革要繼續深入，精神文明建設要切實加強，各個方面相互配合，實現經濟發展和社會全面進步。

根據鄧小平理論和中國共產黨的基本路線、基本綱領，十五大對跨世紀發展的戰略部署提出了進一步要求。即：調整和完善所有制結構，加快推進國有企業改革；完善分配結構和分配方式；充分發揮市場機制作用，健全宏觀調控體系；加強農業基礎地位，調整和優化經濟結構；實施科教興國戰略和可持續發展戰略；努力提高對外開放水平。要在堅持四項基本原則的前提下，繼續推進政治體制改革，進一步擴大社會主義民主，健全社會主義法制，依法治國，建設社會主義法治國家。必須着力提高全民族的思想道德素質和科學文化素質，為經濟發展和社會全面進步提供強大的精神動力和智力支持。實現這些任務和目標，關鍵在於堅持、加強和改善黨的領導，進一步把黨建設好。

十五大報告還對社會主義初級階段的所有制結構和公有制實現形式、發展社會主義民主政治等重大問題作出了新的論斷，指出：要全面認識公有制經濟的含義。公有制經濟不僅包括國有經濟和集體經濟，還包括混合所有制經濟中的國有成分和集體成分。國有經濟起主導作用，主要體現在控制力上。公有制實現形式可以而且應

當多樣化，一切符合「三個有利於」的所有制形式都可以用來為社會主義服務。非公有制經濟是中國社會主義的重要組成部分。依法治國，是中國共產黨領導人民治理國家的基本方略，是發展社會主義的客觀需要，是社會文明進步的重要標誌，是國家長治久安的重要保障。這些論斷，是對改革開放以來建設有中國特色社會主義實踐的經驗總結，是中共在社會主義理論問題上的又一次思想解放和認識深化。

中共十五大在世紀之交中國改革開放和社會主義現代化建設發展的關鍵時刻，高舉鄧小平理論偉大旗幟，承前啟後，繼往開來，為把鄧小平開創的建設有中國特色社會主義事業全面推向二十一世紀，提供了在思想上、政治上和組織上的保證。

中共十五大之後，全黨全國人民積極行動起來，為落實十五大提出的各項戰略任務而積極開展各項工作。各項改革方案也紛紛出台。

一是大力深化國有企業改革。落實下崗職工生活保障和再就業工作，下崗職工的基本生活費由政府、企業、社會共同承擔；建立國務院稽查特派員制度，向國有企業派遣稽查特派員以加強對國有企業的監督管理；成立中央大型企業工委，以加強企業黨的建設並加強對企業的監管。這些配套措施的實施，加快了國有企業改革的步伐。

二是進行金融體制改革。為強化黨對金融工作的領導，1998 年6 月，中共中央正式成立金融工委。與此同時，中國人民銀行還開始在全國建立跨省、市、自治區的大區分行，強化垂直領導，加強金融監管；國有商業銀行也在進行內部機構調整，以減少支行，壓縮人員，提高效益。

三是糧食流通體制改革全面展開。1998 年 4 月底，國務院在北京召開全國糧食流通體制改革會議，確定改革的原則是：實行政企分開、儲備與經營分開、中央與地方責任分開、新老財務賬目分開，完善糧食價格機制，以調動農民的積極性。6 月初，國務院又召開了全國糧食購銷工作電視電話會議，提出按保護價敞開收購農民餘糧、糧食收儲企業實行順價銷售、農業發展銀行收購資金封閉運行三項政策，加快國有糧食企業自身改革。6 月 6 日，朱鎔基簽發國務院第 244 號令，頒佈了《糧食收購條例》，以此加強糧食收購管理。

　　四是積極穩妥地進行國務院機構改革。1998 年 6 月 19 日，朱鎔基總理主持召開國務院第二次全體會議，總結了新一屆政府組建以來，各部門「三定」（定職能、定機構、定編制）方案的制定工作，對下一步實施「三定」工作作出部署。根據國務院批准的各部門的「三定」方案，按照轉變政府職能、實行政企分開的要求，國務院各部門轉交給企業、社會中介組織和地方的職能有 200 多項；在部門之間調整轉移的職能有 100 多項；部門內設的司局級機構減少 200 多個，精簡了四分之一；人員編制總數減少 47.5%。

　　上述改革的成功，實現了新一屆政府的承諾，為完成中共十五大和九屆全國人大一次會議的各項部署，提供了有力保證。

　　在邁向新世紀的征途上，中國共產黨和國家先後遇到了來自國內的和國外的，經濟生活中和社會生活中的一系列難以預料的困難和風險。

　　1997 年下半年爆發的亞洲金融危機，引起了中共中央的高度重視。11 月 17 日至 19 日，中共中央、國務院在北京召開全國金融會議，對進一步深化金融體制改革和整頓金融秩序、防範和化解金融風險的重要性和緊迫性有了充分的認識，明確了做好這項工作的總

體要求、指導原則、主要任務和重要措施。在周邊許多國家都因這場金融危機的襲擊而貨幣大幅度貶值的情況下，中國政府幾次作出人民幣不貶值的承諾，並且給予受到金融危機影響嚴重的國家以一定的援助。這場金融風暴雖然給中國經濟的發展帶來了一些負面影響，但由於防範及時，應對正確，中國經濟經受住了這來勢兇猛的衝擊，迫在眉睫的風暴與中國擦肩而過。中國為緩解這場影響全球的風暴承擔了風險，付出了代價，作出了積極的貢獻，起到了穩定亞洲經濟和金融形勢的中流砥柱的作用，在全世界產生了良好的影響。

從 1998 年 6 月中旬開始，長江流域，嫩江、松花江流域出現一個世紀以來所罕見的嚴重洪災。全國受災面積達 3.18 億畝，受災人口 2.23 億人，直接經濟損失達 2000 多億元。許多工礦企業停產，長江部分航段中斷航運一個多月，對生產建設造成嚴重影響。

中共中央、國務院、中央軍委臨危不亂，果斷決策，領導了一場驚心動魄、氣壯山河的抗洪鬥爭。在這場鬥爭中，江澤民等中共和國家領導人幾次親臨抗洪第一線，察看災情、汛情，及時作出部署，極大地鼓舞了抗洪軍民的士氣。參加抗洪的廣大幹部群眾不

顧個人安危得失，同滔滔洪水展開殊死搏鬥，尤其是人民解放軍和武警部隊官兵更表現出頑強拚搏和自我犧牲的精神，為奪取抗洪勝利發揮了關鍵作用。全國上下及海內外同胞也傾力支援，體現了中華民族的強大凝聚力。經過艱苦卓絕的奮鬥，肆虐的洪水終於被制服，譜寫了壯烈的抗洪篇章。

在同洪水的搏鬥中，中國共產黨、人民解放軍和人民群眾經受住了嚴峻的考驗，展現出了一種十分崇高的精神。這就是江澤民在1998年9月全國抗洪搶險總結表彰大會上所概括的「萬眾一心、眾志成城，不怕困難、頑強拚搏，堅忍不拔、敢於勝利的偉大抗洪精神」。這種精神，同中國共產黨一貫倡導的革命精神和新時期的創業精神一樣，都是中國人民的寶貴精神財富。

中共十五大以後，農業問題和國有企業問題成為第三代中央領導集體關注的重點。

1998年10月，中共十五屆三中全會審議通過了《中共中央關於農業和農村工作若干重大問題的決定》。《決定》要求：以公有制為主體、多種所有制經濟共同發展的基本經濟制度，以家庭承包經營為基礎、統分結合的經營制度，以勞動所得為主和按生產要素分配相結合的分配制度，必須長期堅持。在這個基礎上，按照建立社會主義體制的要求，深化農村改革。這個《決定》的貫徹，使農村以家庭承包經營為基礎、統分結合的雙層經營體制得到進一步穩定，農產品流通體制改革繼續穩步推進，農產品市場體系進一步完善，農業生態環境有了改善，農業和農村經濟結構繼續得到優化。扶貧攻堅力度加大，完成了到2000年使貧困地區農民全部實現溫飽的目標。農村基層民主法制建設，社會主義精神文明建設，農村基層共產黨組織和幹部隊伍建設，都得到了切實加強。

以加快國有企業改革，建立現代企業制度，實現國有企業整體脫困為重點的改革攻堅取得顯著進展。1999 年 9 月，中共十五屆四中全會審議通過了《中共中央關於國有企業改革和發展若干重大問題的決定》。根據這一決定，國有企業改革進一步深化，陸續組建了一批大型企業集團，企業內部改革和轉換經營機制的工作進一步加強。通過兼併破產、改組聯合、債轉股和加強管理等措施，國有及國有控股大中型企業中的虧損戶有了顯著減少。1999 年，紡織行業提前一年實現了三年脫困目標，其他行業也出現了增盈或減虧的好勢頭。到 2000 年，中央確定的國有企業改革和脫困的目標得到勝利實現。

與國有企業深化改革相聯繫，下崗職工基本生活保障和再就業工作也受到中共中央、國務院的高度重視。1998 年 5 月 14 日至 16 日，中共中央、國務院在北京召開國有企業下崗職工基本生活保障和再就業工作會議。江澤民在會上指出：這項工作不僅是重大的經濟問題，也是重大的政治問題；不僅是現實的緊迫問題，也是長遠的戰略問題。要求各級黨委和政府，一定要把它作為一個頭等大事抓緊抓好。

政企分開的工作也加快了步伐。1999 年，中央作出了中央黨政機關與所辦經濟實體和管理的直屬企業脫鈎的決策，並迅速得到落實。金融體制改革和防範金融風險的工作繼續加強，撤銷了人民銀行省級銀行，設置跨省區的九家分行，關閉了個別問題嚴重的金融機構，金融秩序進一步好轉。中共中央、國務院組織有關部門，集中力量在全國範圍內開展了大規模的反走私聯合行動，嚴厲打擊騙匯、逃匯、套匯的犯罪活動，取得顯著成效。這些重大措施，有效地保證了社會主義的健康發展，受到人民群眾普遍擁護。

◎ 西部大開發

面對世紀之交的機遇和挑戰，以江澤民為核心的中共中央準確把握國際大局和國內大局的新變動，根據鄧小平關於中國現代化建設「兩個大局」戰略思想，適時地作出了西部大開發的戰略決策。1999 年 6 月 17 日，江澤民在西北五省區國有企業改革和發展座談會上指出：「現在我們正處在世紀之交，應該向全黨和全國人民明確提出，必須不失時機地加快中西部地區的發展，特別是抓緊研究西部大開發。」同年 9 月舉行的中共十五屆五中全會明確提出「國家要實施西部大開發戰略」。在中共中央、國務院的統一部署下，西部大開發戰略進入實施階段。

1999 年，各項建設都取得了新的成就。整個國民經濟繼續朝着好的方向發展，國內生產總值增長率達到預期目標，大多數行業經濟效益明顯回升，國家財政收入總額首次突破萬億元，達到 11377

億元，金融運行平穩，外貿出口開始大幅度回升，人民幣匯率穩定，國家外匯儲備繼續增加。人民生活水平得到進一步提高。1999年10月1日，在北京天安門廣場舉行盛大的中華人民共和國成立50周年慶祝大會，並舉行閱兵式。江澤民在大會上講話說：「實踐已經充分證明，只有社會主義才能救中國，只有社會主義才能發展中國。實踐也充分證明，建設有中國特色社會主義，是實現中國經濟繁榮和社會全面進步的康莊大道。」「奮鬥就會有艱辛，艱辛孕育着新的發展。這是一個普遍規律。中國的未來是無限光明的。讓我們高舉馬克思列寧主義、毛澤東思想、鄧小平理論的偉大旗幟，朝着輝煌的目標奮勇前進！一個富強民主文明的社會主義現代化中國必將出現在世界的東方。」

1999年，中共中央還統攬全局，針對國內外的一系列突發事件，領導全國人民及時進行了三項重大政治鬥爭：

一是針對以李登輝為首的台灣分裂勢力鼓吹「兩國論」的囂張氣焰，立即組織全國各界開展了批判「兩國論」的鬥爭，堅決打擊了破壞祖國統一的分裂行徑。

二是針對少數人利用「法輪功」散佈歪理邪說，嚴重侵蝕人們思想，聚眾擾亂社會公共秩序，破壞改革發展穩定局面的事件，及時取締「法輪功」邪教組織，發動社會各界展開強大輿論攻勢，揭批「法輪功」邪教的罪行，加強了思想政治工作，維護了社會穩定。

三是針對以美國為首的北約集團襲擊中國駐南斯拉夫使館，造成人員傷亡、館舍嚴重損毀的野蠻行徑，立即向美國當局及北約國家領導人進行嚴正交涉，並組織社會各界進行了大規模的聲討和抗議活動，極大地激發起全國人民的愛國熱情和為振興祖國而努力奮鬥的信念。

◎ 與世界各國和平共處

　　這些鬥爭的開展，對教育和團結全國人民具有深遠的政治意義，為改革開放和現代化建設創造了良好的社會環境。

　　在世紀之交，中共對複雜多變的國際形勢繼續保持了清醒的認識，堅持奉行獨立自主的和平外交政策，積極發展與世界各國的友好合作關係，開展了積極主動和卓有成效的外交活動。通過江澤民等中共和國家領導人的一系列出訪和外國領導人的來訪，中國同許多國家都確定了面向 21 世紀發展雙邊關係的原則。特別是 1997 年和 1998 年，中國國家主席江澤民和美國總統克林頓成功實現了互訪，雙方決定共同建立面向 21 世紀的建設性戰略伙伴關係。在國際事務中，中國政府繼續堅持公正立場，積極維護和平和穩定；對少數反華勢力干涉中國內政，侵犯中國主權的企圖，進行了有力回擊。中國的國際地位和威望更加提高，為進入新世紀的改革開放和現代化建設事業贏得了有利的國際環境。

　　面向新的世紀，在建立社會主義體制的過程中，如何把中國共產黨建設成為能夠經受住各種風險、始終走在時代前列的馬克思主

義政黨，是一個嶄新的課題。從 1995 年起，江澤民多次提出幹部要講學習、講政治、講正氣。為適應改革開放和現代化建設事業跨世紀發展的需要，提高中國共產黨的執政水平和領導水平。按照中共中央的部署，從 1999 年開始，全黨在縣以上黨政領導班子和領導幹部中，集中時間分期分批開展了以「講學習、講政治、講正氣」為內容的三講教育。江澤民等中央政治局常委分別到一個縣，調查研究，並親自主持動員，推動了「三講」教育的深入進行。通過這一教育，有效地解決了在黨性和黨風方面存在的一些突出問題，同時也為不斷加強中國共產黨的自身建設這一跨世紀工程進行了創造性的新探索。

2000 年 2 月，江澤民在廣東考察工作及參加高州市領導幹部「三講」教育會議時，提出了「三個代表」重要思想。江澤民指出：「要把中國的事情辦好，關鍵取決於我們黨，取決於黨的思想、作風、組織、紀律狀況和戰鬥力、領導水平。只要我們黨始終成為中國先進生產力的發展要求、中國先進文化的前進方向、中國最廣大人民的根本利益的忠實代表，我們黨就能永遠立於不敗之地，永遠得到全國各族人民的衷心擁護並帶領人民不斷前進。」「三個代表」的重要論述在黨內外產生了強烈反響。接着，江澤民又考察了江蘇、浙江和上海的黨的建設，考察了寧夏、甘肅的黨的建設，進一步闡述了黨的建設問題，推動了「三個代表」重要思想的學習。

「三個代表」是中國共產黨的立黨之本、執政之基、力量之源。這一重要思想，為中國共產黨面向新世紀進一步鞏固、加強、提高自己，提供了強大的思想武器，為全面推進黨的建設新的偉大工程，把黨建設成為有中國特色社會主義事業的堅強領導核心，指明了前進的方向。

輝煌成就　2000 年底

2000 年底

九五計劃目標任務勝利完成，社會主義市場經濟體制初步建立，人民生活實現總體小康。

奮鬥綱領　2002.11

2002.11.8–14

中共十六大召開，提出全面建設小康社會目標任務。

科學發展　2003—2007.10

2003

中國遭遇非典疫情。

2003.10

中共十六屆三中全會提出，堅持以人為本，樹立全面、協調、可持續的發展觀。

2005.10

中共十六屆五中全會提出建設社會主義新農村的歷史任務。

2006.1

取消農業稅。

2007.10

中共十七大把科學發展觀寫入黨章，確立為發展中國特色社會主義必須長期堅持和貫徹的重大戰略思想。

和諧社會　2004.9—2006.10

2004.9

中共十六屆四中全會明確提出構建社會主義和諧社會的任務，把提高構建社會主義和諧社會的能力確定為加強黨的執政能力建設的重要內容。

2005.4.22

國家主席胡錦濤在雅加達非首腦會議上首次提出建設「和諧社會」的主張。

2005.10

中共十六屆五中全會把構建社會主義和諧社會確定為貫徹落實科學發展觀的一項重大任務，並提出了工作要求和政策措施。

2006.10

中共十六屆六中全會通過了《關於構建社會主義和諧社會若干重大問題的決定》。

黨的建設 2002.11—2007.10

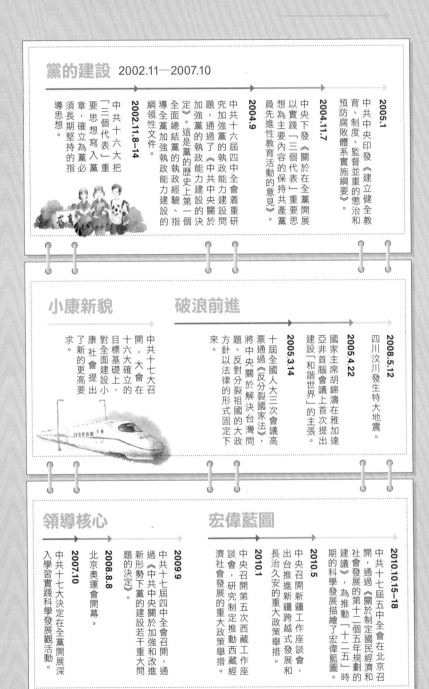

2002.11.8-14
中共十六大把「三個代表」重要思想寫入黨章，確立為黨必須長期堅持的指導思想。

2004.9
中共十六屆四中全會着重研究加強黨的執政能力建設問題，通過《中共中央關於加強黨的執政能力建設的決定》。這是黨的歷史上第一個全面總結黨的執政經驗、指導全黨加強執政能力建設的綱領性文件。

2004.11.7
中央下發《關於在全黨開展以實踐「三個代表」重要思想為主要內容的保持共產黨員先進性教育活動的意見》。

2005.1
中央中央印發《建立健全教育、制度、監督並重的懲治和預防腐敗體系實施綱要》。

小康新貌

中共十七大召開，大會在十六大確立的目標基礎上，對全面建設小康社會提出了新的更高要求。

破浪前進

2005.3.14
十屆全國人大三次會議高票通過《反分裂國家法》，將中央關於解決台灣問題、反對分裂祖國的大政方針以法律的形式固定下來。

2005.4.22
國家主席胡錦濤在雅加達亞非首腦會議上首次提出建設「和諧世界」的主張。

2008.5.12
四川汶川發生特大地震。

領導核心

2007.10
中共十七大決定在全黨開展深入學習實踐科學發展觀活動。

2008.8.8
北京奧運會開幕。

2009.9
中共十七屆四中全會召開，通過《中共中央關於加強和改進新形勢下黨的建設若干重大問題的決定》。

宏偉藍圖

2010.1
中央召開第五次西藏工作座談會，研究制定推動西藏經濟社會發展的重大政策舉措。

2010.5
中央召開新疆工作座談會，出台推進新疆跨越式發展和長治久安的重大政策舉措。

2010.10.15-18
中共十七屆五中全會在北京召開，通過《關於制定國民經濟和社會發展的第十二個五年規劃的建議》，為推動「十二五」時期的科學發展描繪了宏偉藍圖。

第七章
CHAPTER SEVEN

全面小康

2002 年 11 月，中共十六大提出全面建設小康社會和完善社會主義市場經濟體制的戰略任務。中共中央緊緊抓住和用好中國發展的重要戰略機遇期，深化改革開放，加快發展步伐，戰勝一系列重大挑戰，堅定不移推進全面建設小康社會進程，及時提出和全面貫徹科學發展觀等重大戰略思想，開拓了中國經濟社會發展的廣闊空間。2010 年國內生產總值達到 401513 億元（6.04 萬億美元），經濟總量從世界第六位躍升到第二位，社會生產力、經濟實力、科技實力邁上一個大台階，人民生活水平、居民收入水平、社會保障水平邁上一個大台階，綜合國力、國際競爭力、國際影響力邁上一個大台階，國家面貌發生新的歷史性變化。

輝煌成就

  中共十五大以後，全黨和全國各族人民高舉鄧小平理論偉大旗幟，加快建立社會主義體制的改革步伐，努力促進國民經濟持續快速健康發展，全面推進中國特色社會主義偉大事業，取得了改革開放和社會主義現代化建設新的輝煌成就。到 2000 年底，國民經濟和社會發展的第九個五年計劃勝利完成，社會主義體制初步建立，人民生活總體上實現了由溫飽到小康的歷史性跨越。

  1997 年後，由於中共中央的正確決策，中國克服了亞洲金融危機和世界經濟波動帶來的不利影響，保持了經濟持續較快增長。「九五」期間，中國國內生產總值一直保持着穩定增長，2000 年達到 99214.6 億元，人均 7858 元。繼 1995 年提前實現國民生產總值比 1980 年翻兩番的目標之後，又在中國人口增長 3 億左右的情況下超額完成了中共十四屆五中全會提出的人均國民生產總值比 1980 年翻兩番的任務。在經濟持續增長和效益不斷提高的基礎上，國家財政收入連年增加，2000 年達到 13395 億元，五年累計超過 5 萬億元。中國主要工農業產品產量位居世界前列，經濟總量由世界第 9 位躍居第 6 位。

  到 2000 年底，中國社會主義體制已經初步建立。國有企業改革穩步推進，公有制經濟進一步壯大。大多數國有大中型骨幹企業通過優化結構、深化改革，經營狀況明顯改善，擺脫了長期虧損的局

◎ 神舟一號

面，初步建立起現代企業制度。國有小型企業放開搞活的步伐加快並取得明顯成效。國有企業管理體制和經營機制發生深刻變化，企業優勝劣汰的競爭機制初步形成，開創了國有企業改革和發展的新局面。個體、私營等非公有制經濟發展較快。財稅、金融、流通、住房和政府機構改革繼續深化。市場體系建設全面展開，政府職能轉變步伐加快，適應的宏觀調控體系初步形成。資本、勞動力、技術等生產要素市場加速發展，市場調節比重不斷增加，國民經濟市場化程度進一步提高，市場在資源配置中的基礎性作用明顯增強。

適應經濟全球化的趨勢，中國對外開放水平進一步提高。開放型經濟快速發展，全方位、多層次、寬領域的對外開放格局基本形成。隨着對外開放領域的拓展，中國對外貿易不斷擴大，利用外資數量和質量不斷提高。2000 年，進出口貿易總額達 4743 億美元，在世界貿易中的排名由 1995 年的第 11 位提升至第 8 位。在對外貿易中，出口商品的結構得到進一步優化，在實現由初級產品為主向加工產品為主的轉變後，又實現了從一般加工產品為主向機電產品為主的轉變。「九五」期間累計實際利用外資 2898 億美元，比「八五」時期增長 80%。國家外匯儲備超過 1600 億美元，位居世界第二。外

商投資領域不斷拓寬，外商直接投資的科技含量增加，跨國公司來華投資增多。

政治體制改革穩步推進，社會主義民主政治和精神文明建設成效顯著。人民代表大會制度、中國共產黨領導的多黨合作和政治協商制度、民族區域自治制度不斷完善，基層民主活力增強。愛國統一戰線發展壯大，民族、宗教和僑務工作取得新進展。依法治國基本方略切實貫徹，社會治安綜合治理取得新成效。

科技、教育、文化、衛生、體育等事業全面進步，群眾精神文化生活日益豐富。「九五」時期，科技經費投入累計達 5828 億元，是「八五」時期的 1.9 倍，平均每年取得科技成果 3 萬餘項。航空航天、信息、新材料和生物工程等高科技領域取得一批重要成果。「神舟」號飛船試驗飛行成功，載人航天事業邁出重要步伐。數字高清晰度電視、稀土材料應用和生物技術等重大科研成果產業化取得重要進展。全國普及九年義務教育的人口覆蓋率從 1995 年的 36.2% 增加到 2000 年的 85%。大中城市文化設施建設加快，廣播電視覆蓋網

◎ 普及九年義務教育

◎ 扶貧

進一步擴大，到 2000 年底，全國廣播人口覆蓋率達 92.5%，電視人口覆蓋率達 93.7%。醫療保健體制和衛生體制改革邁出較大步伐，城鎮社區衛生服務、農村合作醫療和初級衛生保險體系進一步健全，人民群眾健康水平有新的提高。

城鄉居民收入穩步增長。「九五」期間，社會商品零售總額年均增長 10.6%，市場商品供應充裕豐富，有效供給水平明顯提高，長期困擾中國人民的商品短缺狀況基本結束。市場供求關係實現了由賣方市場向買方市場的歷史性轉變。2000 年，城鎮居民人均可支配收入和農村居民人均純收入分別達到 6280 元和 2253.4 元。剔除價格變動因素，「九五」期間年均增長 5.7% 和 4.7%。「八七」扶貧攻堅目標基本實現，農村貧困人口從 1995 年的 6500 萬減少到 2000 年的 2500 萬。與此同時，社會保障體系的基本框架初步形成，以城鎮職工基本養老保險、失業保險、城鎮職工基本醫療保險為主要內容的社會保險制度初步確立。

基礎設施建設不斷加強，生態環境有較大改善。「九五」期間，全社會固定資產投資總規模達 13.87 億元，集中力量辦成了一些多年想辦而沒有辦成的大事。中國基礎產業和基礎設施建設長期滯後的局面大為改觀，能源、交通、通信和原材料的「瓶頸」制約得到緩解，經濟發展的後勁大為增強。與此同時，生態環境建設力度加大。大河大湖的水污染防治、大氣污染防治等工作全面展開，並取得階段性成果。

隨着「九五」計劃的完成，中國生產力水平又邁上一個大台階，綜合國力得到加強，人民生活總體上達到小康水平。這是中華民族發展史上的又一個里程碑。在此基礎上，中共中央就繼續推進中國經濟社會發展作出新的部署。2000 年 10 月，中共十五屆五中全會通過《關於制定國民經濟和社會發展第十個五年計劃的建議》，提出從新世紀開始，中國將進入全面建設小康社會並加快推進現代化的新的發展階段；今後五到十年，要以發展為主題，以結構調整為主線，以改革開放和科技進步為動力，以提高人民生活水平為根本出發點，全面推進經濟發展和社會進步。根據這個《建議》，國務院制定了《國民經濟和社會發展第十個五年計劃綱要》。2001 年 3 月，九屆全國人大四次會議批准了這個《綱要》，從而為進入新世紀後的改革開放和現代化建設明確了奮鬥目標和指導方針。

奮鬥綱領

　　2001 年 9 月，中共十五屆六中全會通過《關於召開黨的第十六次全國代表大會的決議》。在籌備十六大期間，江澤民明確指出：「黨的十六大，將進一步制定黨和國家在新世紀之初的行動綱領，進一步統一全黨和全國各族人民的思想，堅定信心，鼓舞幹勁，同心同德地向現代化建設第三步戰略目標前進，使社會主義中國在風雲變幻的國際局勢中保持高度穩定和強大生機，使我們黨不斷增強創造力、凝聚力、戰鬥力，始終走在時代前列，確保實現中國的現代化和中華民族的偉大復興。」

　　2002 年 11 月 8 日至 14 日，中國共產黨第十六次全國代表大會在北京召開。大會通過了江澤民代表第十五屆中央委員會所作的《全面建設小康社會，開創中國特色社會主義事業新局面》的報告，通過了《中國共產黨章程（修正案）》和中央紀律檢查委員會的工作報告，選舉產生了新一屆中央委員會和中央紀律檢查委員會。

　　十六大是中共在新世紀新階段召開的第一次全國代表大會。大會的主題是：高舉鄧小平理論偉大旗幟，全面貫徹「三個代表」重要思想，繼往開來，與時俱進，全面建設小康社會，加快推進社會主義現代化，為開創中國特色社會主義事業新局面而奮鬥。圍繞這一主題，江澤民在報告中深刻分析了中國共產黨面臨的國際國內形勢，科學總結了十三屆四中全會以來十三年的基本經驗，進一步闡

◎ 中共十六大，提出了全面建設小康社會的奮鬥目標

明了貫徹「三個代表」重要思想的根本要求，提出了全面建設小康社會的奮鬥目標，並對建設中國特色社會主義經濟、政治、文化和黨的建設等各項工作作出全面部署，鮮明地回答了在新世紀新階段中國共產黨舉什麼旗、走什麼路、實現什麼樣的目標等重大問題。

根據全面開創中國特色社會主義事業新局面的要求，報告提出了全面建設小康社會的奮鬥目標，並從經濟、政治、文化等方面勾畫了宏偉藍圖。報告指出：綜觀全局，21 世紀頭 20 年，對中國來說，是一個必須緊緊抓住並且大有作為的重要戰略機遇期。我們要在 21 世紀頭 20 年，集中力量，全面建設惠及十幾億人口的更高水平的小康社會，使經濟更加發展、民主更加健全、科教更加進步、文化更加繁榮、社會更加和諧、人民生活更加殷實。這是實現現代化建設第三步戰略目標必經的承上啟下的發展階段，也是完善社會主義體制和擴大對外開放的關鍵階段。

報告進一步闡明了「三個代表」重要思想的歷史地位、精神實質和根本要求。報告指出：「三個代表」重要思想，是在科學判斷中

共歷史方位的基礎上提出來，是對馬克思列寧主義、毛澤東思想和鄧小平理論的繼承和發展，反映了當代世界和中國的發展變化對中共和國家工作的新要求，是加強和改進黨的建設、推進中國社會主義自我完善和發展的強大理論武器，是全黨集體智慧的結晶，是中國共產黨必須長期堅持的指導思想。全黨要把這一重要思想貫徹到社會主義現代化建設的各個領域，體現在黨的建設的各個方面。大會通過的黨章修正案把「三個代表」重要思想作為中國共產黨的行動指南，寫入黨章，使「三個代表」重要思想同馬克思列寧主義、毛澤東思想、鄧小平理論一道，成為中共必須長期堅持的指導思想。這是大會作出的一個歷史性決策，也是一個歷史性貢獻。

大會順利實現了中央領導集體的新老交替。新選進中央委員會的成員佔一半以上，全部是中華人民共和國成立後參加工作的，平均年齡 55.4 歲，具有大專以上文化程度的佔 98.6%，標誌着中國共產黨和國家的事業後繼有人，充滿希望。

中共十六大以團結的大會、勝利的大會、奮進的大會和繼往開來的大會載入史冊。十六大以後，在以胡錦濤為總書記的中共中央領導下，全黨和全國人民踏上了全面建設小康社會的新征程。

科學發展

2002 年 12 月 5 日至 6 日，胡錦濤率領中央書記處的同志到西柏坡學習考察，回顧中共帶領人民進行偉大革命鬥爭的歷史，重溫毛澤東在中共七屆二中全會上的重要講話，號召全黨特別是領導幹部要牢記毛澤東關於「兩個務必」的告誡，大力發揚艱苦奮鬥的作風，為實現中共十六大確定的目標開拓進取、團結奮鬥。

正當全黨全國人民意氣風發地為實現全面建設小康社會宏偉目標而奮鬥的時候，2003 年春，中國遭遇了一場突如其來的非典疫情。面對這場嚴峻考驗，全黨全國人民在中共中央和國務院的堅強領導下，堅持一手抓防治非典疫情，一手抓經濟建設這個中心不動搖，奪取了抗擊非典和促進發展的雙勝利。

通過抗擊非典鬥爭，中共更加深刻地認識到中國經濟發展和社會發展、城市發展和農村發展還不夠協調等突出矛盾。2003 年 7 月 28 日，胡錦濤在全國防治非典工作會議上講話指出：從今後的工作來說，「我們要更好地堅持全面發展、協調發展、可持續發展的發展觀，更加自覺地堅持推動社會主義物質文明、政治文明、精神文明協調發展，堅持在經濟社會發展的基礎上促進人的全面發展，堅持促進人和自然的和諧」。此後，胡錦濤在江西、湖南視察時又強調「要牢固樹立協調發展、全面發展、可持續發展的科學發展觀，積極探索符合實際的發展新路子」。

◎ 抗擊非典

　　2003 年 10 月，中共十六屆三中全會通過了《中共中央關於完善社會主義體制若干問題的決定》。《決定》指出，為適應經濟全球化和科技進步加快的國際環境，適應全面建設小康社會的新形勢，必須加快推進改革，進一步解放和發展生產力，為經濟發展和社會全面進步注入強大動力。要按照統籌城鄉發展、統籌區域發展、統籌經濟社會發展、統籌人與自然和諧發展、統籌國內發展和對外開放的要求，更大程度地發揮市場在資源配置中的基礎性作用，增強企業活力和競爭力，健全國家宏觀調控，完善政府社會管理和公共服務職能，為全面建設小康社會提供強有力的體制保障。深化經濟體制改革，必須堅持社會主義的改革方向，堅持尊重群眾的首創精神，堅持正確處理改革發展穩定的關係，堅持以人為本，樹立全面、協調、可持續的發展觀，促進經濟社會和人的全面發展。《決定》闡明了科學發展觀的基本要求，是指導中國今後一個時期經濟

體制改革的綱領性文件。

科學發展觀的提出，是中共對 20 多年來改革開放實踐的經驗總結，反映了中國共產黨對發展問題的新認識，體現了全面建設小康社會的迫切要求，既順應時代發展潮流，又符合當代中國國情。為切實貫徹落實科學發展觀，中共中央、國務院相繼作出一系列重大決策，推動經濟社會實現又好又快發展。

從 2003 年下半年開始，面對經濟運行中出現的一些新的不穩定、不健康因素，中共中央進一步加強和完善了宏觀調控。其中主要是解決兩個問題：一是針對糧食播種面積連續 5 年減少，糧食產量持續下降的局面，進一步加強農業，促進糧食生產。二是針對固定資產投資總量增長過快，積極改善投資結構。經過採取有針對性的調控措施，抑制了經濟運行中的不健康不穩定因素，避免了經濟發展大的起落，保持了國民經濟持續快速增長的勢頭。2006 年 12月，中央經濟工作會議進一步提出「又好又快」發展的方針，更加體現了貫徹落實科學發展觀的客觀要求，促進了經濟與社會、人與自然之間的和諧發展。

為實現全面建設小康社會的奮鬥目標，貫徹落實科學發展觀，中共中央把農業、農村、農民問題作為全黨工作的重中之重，放在更加突出的位置。2004 年 12 月，胡錦濤在中央經濟工作會議上提出：中國現在總體上已到了以工促農、以城帶鄉的發展階段。在着眼城鄉統籌發展的基礎上，2005 年 10 月，中共十六屆五中全會提出建設「生產發展、生活寬裕、鄉風文明、村容整潔、管理民主」的社會主義新農村的歷史任務。2004 年以後，中央連續頒發有關「三農」問題的「一號文件」，就完善農村稅費改革、增加農民收入、提高農業綜合生產能力、深化農村改革等作出部署，提出一系列支

農、惠農政策，加快社會主義新農村建設的步伐。2005 年 12 月 29 日，十屆全國人大常委會第 19 次會議決定，自 2006 年 1 月 1 日起廢止一屆全國人大常委會於 1958 年 6 月 3 日通過的《中華人民共和國農業稅條例》。農業稅的取消，終結了中國歷史上存在兩千多年的皇糧國稅，極大地調動了農民積極性，有力推動了社會主義新農村建設。

制定「十一五」規劃，是實現全面建設小康社會目標的重要部署。為此，中共十六屆五中全會通過《關於制定國民經濟和社會發展十一五規劃的建議》。《建議》的鮮明特點，是堅持以科學發展觀統領經濟社會發展全局，充分體現了全面貫徹落實科學發展觀的基本要求。

在實施西部大開發戰略基礎上，中共中央繼續推動區域協調發展，逐步形成了區域協調發展戰略。2003 年 3 月 21 日，溫家寶在國務院全體會議上提出加大西部開發力度、實現區域優勢互補和共同發展，支持老工業基地加快調整、改造和振興。中共十六屆五中全會進一步明確了中國區域發展的總體戰略，強調要繼續推進西部大開發，振興東北地區等老工業基地，促進中部地區崛起，鼓勵東部地區率先發展，形成合理的區域發展格局。隨後，國務院制定的「十一五」規劃《綱要》對促進區域協調發展作出了具體部署，標誌着中國區域協調發展戰略基本形成。

和諧社會

　　貫徹落實科學發展觀的一項根本任務，就是要實現社會和諧。這是中國特色社會主義事業總體佈局和全面建設小康社會的內在要求，也是廣大人民群眾的根本利益和共同願望。中共十六大報告第一次把「社會更加和諧」作為黨的重要奮鬥目標。隨着改革和發展的不斷深入，構建社會主義和諧社會的任務得到逐步落實。

　　2004 年 9 月，中共十六屆四中全會明確提出構建社會主義和諧社會的任務，把提高構建社會主義和諧社會的能力確定為加強黨的執政能力建設的重要內容。2005 年 2 月，在中共中央舉辦的省部級主要領導幹部「提高構建社會主義和諧社會能力」專題研討班上，胡錦濤發表講話，提出了構建民主法治、公平正義、誠信友愛、充滿活力、安定有序、人與自然和諧相處的社會主義和諧社會的總目標。2005 年 10 月，中共十六屆五中全會把構建社會主義和諧社會確定為貫徹落實科學發展觀的一項重大任務，並提出了工作要求和政策措施。

　　在此基礎上，2006 年 10 月，中共十六屆六中全會通過了《關於構建社會主義和諧社會若干重大問題的決定》。《決定》全面把握中國發展的階段性特徵，深刻分析影響中國社會和諧的突出矛盾和問題，明確提出了當前和今後一個時期構建社會主義和諧社會的指導思想、目標任務和工作部署。《決定》從五個方面對構建社會主義和

諧社會作出部署。一是堅持協調發展，加強社會事業建設。二是加強制度建設，保障社會公平正義。三是建設和諧文化，鞏固社會和諧的思想道德基礎。四是完善社會管理，保持社會安定有序。五是激發社會活力，增進社會團結和睦。

構建社會主義和諧社會戰略任務的提出，使中國特色社會主義事業的總體佈局由社會主義經濟建設、政治建設、文化建設三位一體發展為社會主義經濟建設、政治建設、文化建設、社會建設四位一體，從而使中國特色社會主義發展模式更加清晰。這是中共在探索社會主義社會建設方面取得的又一個新的認識成果。

在貫徹十六屆六中全會精神過程中，各地區各部門按照中共中央的要求，緊密結合全面建設小康社會的實踐，實施了一系列促進社會和諧的重大措施。

在促進協調發展方面，堅持用發展的辦法解決前進中的問題，不斷為社會和諧創造雄厚的物質基礎，同時，更加注重解決發展不平衡問題，推動經濟社會協調發展。通過紮實推進社會主義新農村建設，促進城鄉協調發展；通過落實區域發展總體戰略，促進區域協調發展；通過實施積極的就業政策，發展和諧的勞動關係；通過堅持優先發展教育，促進教育公平；通過加強醫療衛生服務，提高人民健康水平；通過加快發展文化事業和文化產業，滿足人民群眾文化需求；通過加強環境治理保護，促進人與自然相和諧。

在保障社會公平正義方面，加強制度建設，保證人民在政治、經濟、文化、社會等方面的權利和利益，引導公民依法行使權利、履行義務。堅持完善民主權利保障制度，鞏固人民當家作主的政治地位；堅持完善法律制度，夯實社會和諧的法制基礎；堅持完善司法體制機制，加強社會和諧的司法保障；堅持完善公共財政制度，

◎ 社會保障

逐步實現基本公共服務均等化；堅持完善收入分配制度，規範收入分配秩序；堅持完善社會保障制度，保障群眾基本生活。

在建設和諧文化方面，堅持馬克思主義在意識形態領域的指導地位，牢牢把握社會主義先進文化的前進方向。弘揚民族優秀文化傳統，借鑒人類有益文明成果，倡導和諧理念，培育和諧精神，進一步形成全社會共同的理想信念和道德規範。不斷推進社會主義核心價值體系建設，形成全民族奮發向上的精神力量和團結和睦的精神紐帶；樹立社會主義榮辱觀，培育文明道德風尚；堅持正確導向，營造積極健康的思想輿論氛圍；廣泛開展和諧創建活動，形成人人促進和諧的局面。

在完善社會管理方面，創新社會管理體制，提高社會管理水平，健全黨委領導、政府負責、社會協同、公眾參與的社會管理格局。建設服務型政府，強化社會管理和公共服務職能；推進社區建

設，完善基層服務和管理網絡；健全社會組織，增強服務社會功能；統籌協調各方面利益關係，妥善處理社會矛盾；完善應急管理體制機制，有效應對各種風險；加強社會治安綜合治理，增強人民群眾的安全感。

在增進社會團結和睦方面，最大限度地激發社會活力，促進政黨關係、民族關係、宗教關係、階層關係、海內外同胞關係的和諧。鞏固和壯大最廣泛的愛國統一戰線，充分調動各方面積極性。加強海內外中華兒女的團結，為實現中華民族的偉大復興而奮鬥：堅持走和平發展道路，營造良好外部環境。

經過全黨和全國人民的共同努力，構建社會主義和諧社會的各項工作有條不紊地向前推進，不斷取得新的成效。

黨的建設

適應新的形勢、任務和要求，中共中央及時提出了加強黨的執政能力建設和先進性建設的重大任務，並以此為重點堅持推進黨的建設新的偉大工程。

中共十六大着眼於中國特色社會主義事業的長遠發展，根據黨的執政條件和社會環境發生的深刻變化，向全黨明確提出了加強黨的執政能力建設，提高黨的領導水平和執政能力的要求。

2004 年 9 月，中共十六屆四中全會着重研究加強黨的執政能力建設問題，通過了《中共中央關於加強黨的執政能力建設的決定》。這是中共歷史上第一個全面總結黨的執政經驗、指導全黨加強執政能力建設的綱領性文件。

為切實加強黨的執政能力建設，確保黨始終走在時代前列，更好地肩負起歷史使命，中共中央把加強黨的先進性建設擺到更加突出的地位。根據中共十六大的部署，2004 年 11 月 7 日，中央下發《關於在全黨開展以實踐「三個代表」重要思想為主要內容的保持共產黨員先進性教育活動的意見》。《意見》提出，保持共產黨員先進性教育活動，從目標要求上，就是要提高黨員素質，加強基層組織，服務人民群眾，促進各項工作。從總體進程上，這次保持共產黨員先進性教育活動分三批進行，每批半年左右時間。在方法步驟上，整個教育活動分學習動員、分析評議和整改提高三個階段進行。

2006 年 6 月 30 日，胡錦濤在慶祝中國共產黨成立 85 周年暨總結保持共產黨員先進性教育活動大會上，總結了黨的先進性建設的寶貴經驗，要求全黨要緊密結合貫徹落實科學發展觀的實踐，緊密結合構建社會主義和諧社會的實踐，緊密結合黨的執政能力建設的實踐，緊密結合保持黨同人民群眾血肉聯繫的實踐，進一步推進黨的先進性建設。

保持黨的先進性，一個不可忽視的重要方面就是克服黨內的腐敗現象。中共十六大以後，以胡錦濤為總書記的中共中央十分注重反腐敗制度建設和創新，着力從源頭上預防和解決腐敗問題。中共十六屆三中全會首次提出，要建立健全與社會主義體制相適應的教育、監督、制度並重的懲治和預防腐敗體系。十六屆四中全會又提出了新形勢下黨風廉政建設和反腐敗鬥爭的十六字方針，即「標本兼治、綜合治理，懲防並舉、注重預防」，要求抓緊建立教育、制度、監督並重的懲治和預防腐敗體系。2005 年 1 月，中共中央印發《建立健全教育、制度、監督並重的懲治和預防腐敗體系實施綱要》，要求各級黨委和政府切實把反腐倡廉的各項工作落到實處。

在推動反腐倡廉制度體系建設過程中，中國共產黨和國家還先後出台了《中國共產黨黨內監督條例（試行）》《中國共產黨紀律處分條例》《中國共產黨黨員權利保障條例》等一系列法規，不斷充實和完善反腐倡廉制度體系的內容。這是中共中央在總結歷史經驗、科學判斷形勢基礎上作出的重大決策，是中共對執政規律和反腐倡廉工作規律認識的進一步深化。這一體系的建立和逐步完善，同保持共產黨員先進性教育活動相互促進，有效地加強了中共執政能力建設和先進性建設，增強了中共在發展社會主義條件下拒腐防變的能力和抵禦風險的能力。

小康新貌

　　2007 年 10 月 15 日至 21 日，中國共產黨第十七次全國代表大會在北京召開。這次大會的主題是：高舉中國特色社會主義偉大旗幟，以鄧小平理論和「三個代表」重要思想為指導，深入貫徹落實科學發展觀，繼續解放思想，堅持改革開放，推動科學發展，促進社會和諧，為奪取全面建設小康社會新勝利而奮鬥。大會通過了胡錦濤代表第十六屆中央委員會所作的《高舉中國特色社會主義偉大旗幟，為奪取全面建設小康社會新勝利而奮鬥》的報告，批准了中央紀律檢查委員會工作報告，審議通過了《中國共產黨章程（修正案）》，選舉產生了新一屆中央委員會和中央紀律檢查委員會。

　　胡錦濤在報告中深刻分析了國際國內形勢的新變化，鮮明地回答了中國共產黨在改革發展關鍵階段舉什麼旗、走什麼路，以什麼樣的精神狀態、朝着什麼樣的發展目標繼續前進等重大問題。

　　報告對改革開放的偉大歷史進程和寶貴經驗作了精闢概括，指出：新時期最鮮明的特點是改革開放，最顯著的成就是快速發展，最突出的標誌是與時俱進。事實雄辯地證明，改革開放是決定當代中國命運的關鍵抉擇，是發展中國特色社會主義、實現中華民族偉大復興的必由之路；只有社會主義才能救中國，只有改革開放才能發展中國、發展社會主義、發展馬克思主義。

　　在回顧歷史進程的基礎上，報告強調，改革開放以來中國取得

一切成績和進步的根本原因，歸結起來就是：開闢了中國特色社會主義道路，形成了中國特色社會主義理論體系。高舉中國特色社會主義偉大旗幟，最根本的就是要堅持這條道路和這個理論體系。

報告對科學發展觀的內涵和根本要求作了進一步闡述。指出：科學發展觀，第一要義是發展，核心是以人為本，基本要求是全面協調可持續，根本方法是統籌兼顧。科學發展觀，是立足社會主義初級階段基本國情，總結中國發展實踐，借鑒國外發展經驗，適應新的發展要求提出來的，是對中國共產黨的三代中央領導集體關於發展的重要思想的繼承和發展，是馬克思主義關於發展的世界觀和方法論的集中體現，是同馬克思列寧主義、毛澤東思想、鄧小平理論和「三個代表」重要思想既一脈相承又與時俱進的科學理論，是中國經濟社會發展的重要指導方針，是發展中國特色社會主義必須長期堅持和貫徹的重大戰略思想。

根據貫徹落實科學發展觀的要求，報告適應國內外形勢的新變化，順應各族人民過上更好生活的新期待，把握經濟社會發展趨勢和規律，堅持中國特色社會主義的基本綱領，在十六大確立的全面建設小康社會目標基礎上，對中國發展提出了新的更高要求。具體內容是：增強發展協調性，努力實現經濟又好又快發展。在優化結構、提高效益、降低消耗、保護環境的基礎上，實現人均國內生產總值到 2020 年比 2000 年翻兩番。社會主義體制更加完善。擴大社會主義民主，更好保障人民權益和社會公平正義。公民政治參與有序擴大。加強文化建設，明顯提高全民族文明素質。社會主義核心價值體系深入人心。加快發展社會事業，全面改善人民生活。建設生態文明，基本形成節約能源資源和保護生態環境的產業結構、增長方式、消費模式。

大會一致同意將科學發展觀寫入黨章，一致同意在黨章中把中

共基本路線中的奮鬥目標表述為「把中國建設成為富強民主文明和諧的社會主義現代化國家」。大會認為，把科學發展觀和經濟建設、政治建設、文化建設、社會建設四位一體的中國特色社會主義事業總體佈局寫入黨章，對於奪取全面建設小康社會新勝利、開創中國特色社會主義事業新局面具有重大意義。

破浪前進

中共十七大之後，全黨和全國人民在以胡錦濤為總書記的中共中央帶領下開始了新的奮鬥征程。改革開放繼續深化，社會主義經濟建設、政治建設、文化建設、社會建設、生態文明建設全面推進，並在應對國際國內複雜局勢的各種考驗中取得了一系列重大勝利。

2008年初，中國南方部分地區發生嚴重低溫雨雪冰凍災害，5月12日，四川汶川發生里氏8.0級特大地震。面對特大自然災害，中共中央和國務院立即作出有效部署，調集各方面力量搶險救災，

◎ 「5‧12」汶川地震

保護人民群眾生命財產安全。中共和國家及軍隊領導人親赴第一線指揮，解放軍和武警官兵迅即奔赴災區展開救援，全黨全軍全國各族人民萬眾一心、眾志成城、全力以赴，形成了抗禦災害的強大力量。在中共中央、國務院、中央軍委的堅強領導下，中國人民終於戰勝了特大自然災害，並且在搶險救災鬥爭中再次顯示了中華民族的優良傳統和偉大精神。

在抗禦自然災害的同時，中共中央團結帶領全黨全國各族人民，繼續推進改革開放和各項建設事業，取得新的重大進展。根據國際經濟環境的新變化和中國經濟形勢的新情況，中共中央和國務院及時採取措施，把保持經濟平穩較快發展、控制物價過快上漲作為宏觀調控的首要任務，着力解決經濟運行中的突出矛盾和問題，避免出現經濟大起大落；繼續推進重要領域和關鍵環節的改革，着力構建充滿活力、富有效率、更加開放、有利於科學發展的體制機制；堅持對外開放基本國策，把「引進來」和「走出去」結合起來，拓展對外開放廣度和深度，提高對外經濟工作質量和水平；紮實推進社會主義核心價值體系建設，深入開展學習中國特色社會主義理論體系的宣傳普及活動，弘揚以愛國主義為核心的民族精神和以改革創新為核心的時代精神，推進馬克思主義理論研究和建設工程；堅持統籌經濟社會發展，着力保障和改善民生，解決教育、勞動就業、社會保障、醫療衛生、勞動安全等方面存在的突出問題，健全基層社會管理體制，推動和諧社會建設。

2008 年 2 月，中共十七屆二中全會通過《關於深化行政管理體制改革的意見》，明確提出到 2020 年建立比較完善的中國特色社會主義行政管理體制的總目標，要求實現政府職能向創造良好發展環境、提供優質公共服務、維護社會公平正義的根本轉變，實現政府組織機構

◎ 北京奧運

和人員編制向科學化、規範化、法制化的根本轉變，實現行政運行機制和政府管理方式向規範有序、公開透明、便民高效的根本轉變。該方案經十一屆全國人大一次會議審議批准後正式實施。

舉辦奧運會是中華民族的百年期盼，是海內外中華兒女的共同心願，也是中國對國際社會的鄭重承諾。在接連遭遇重大自然災害和反華勢力干擾破壞的情況下，中共中央強調，不論遇到什麼困難和挑戰，都要順應全國各族人民的共同心願，履行對國際社會的鄭重承諾，確保辦成一屆有特色、高水平的運動會。經過全黨全軍全國各族人民共同努力，北京奧運會、殘奧會取得圓滿成功，中國體育健兒取得金牌榜第一的優異成績，充分表達了「同一個世界，同一個夢想」的主題，充分體現了團結、友誼、和平的奧林匹克精神，充分展現了中國改革開放和社會主義現代化建設的成就，充分展示了中國人民昂揚向上的精神風貌，增進了中國人民與世界各國人民的相互了解和友誼。

中國自行研製的神舟系列飛船航天飛行圓滿成功，實現了中國空間技術發展具有里程碑意義的重大跨越，標誌着中國成為世界上第三個獨立掌握空間出艙關鍵技術的國家，對全國人民產生了極大的精神鼓

舞。

在深化農村經營體制改革方面，集體林權制度改革邁出較大步伐。中共中央、國務院於 2008 年 6 月 8 日下發了《關於全面推進集體林權制度改革的意見》。《意見》提出，用 5 年左右時間基本完成明晰產權、承包到戶的改革任務。在此基礎上，通過深化改革、完善政策、健全服務、規範管理，逐步形成集體林業的良性發展機制，實現資源增長、農民增收、生態良好、林區和諧的目標。《意見》還明確規定，實行集體林地家庭承包經營，林地的承包期為 70 年，承包期屆滿，可以按照國家有關規定繼續承包。

為進一步推進農村改革，10 月 9 日至 12 日，中共十七屆三中全會通過了《中共中央關於推進農村改革發展若干重大問題的決定》，提出了推進農村改革發展的總體思路、加強農村制度建設的重大任務、發展現代農業的重大舉措、發展農村公共事業的重大安排，對進一步推進農村改革發展作出了全面部署。

2008 年下半年，國際形勢發生新的複雜變化，世界經濟增長放緩，全球通貨膨脹壓力加大，由美國次貸危機引發的國際金融危機迅速蔓延。為規避國際金融危機帶來的風險，2008 年 11 月 5 日，國務院召開常務會議，決定實行積極的財政政策和適度寬鬆的貨幣政策，確定了進一步擴大內需、促進經濟平穩較快增長的十項措施。2009 年 3 月，十一屆全國人大二次會議審議批准的政府工作報告提出，2009 年政府工作的主要任務是：以應對國際金融危機、促進經濟平穩較快發展為主線，統籌兼顧，突出重點，全面實施促進經濟平穩較快發展的一攬子計劃。

進入新世紀，中共中央繼續堅持國防建設與經濟建設協調發展的方針，全面推進國防和軍隊現代化建設。同時在發展對外關係方

面，積極倡導和諧世界的理念，不斷開創外交工作的新局面，並繼續推進了祖國和平統一大業。

2004 年底，在軍隊一次重要會議上，胡錦濤主席着眼於實現中國共產黨的三大歷史任務，維護國家和民族的根本利益，明確提出新世紀新階段解放軍肩負的歷史使命，這就是：「要為黨鞏固執政地位提供重要的力量保證，為維護國家發展的重要戰略機遇期提供堅強的安全保障，為維護國家利益提供有力的戰略支撐，為維護世界和平與促進共同發展發揮重要作用。」這是對新形勢下解放軍地位作用、職能任務、發展目標的高度概括和科學總結，是人民軍隊歷史使命的又一次與時俱進。

在繼續推進國防和軍隊現代化建設的前進道路上，中共中央和中央軍委堅持中國共產黨對軍隊的絕對領導，把思想政治建設擺在軍隊各項建設的首位，增強全軍官兵高舉旗幟、聽黨指揮的自覺性和堅定性。紮實推進軍事鬥爭準備，精心組織戰略戰役演練，集中力量推進重點武器裝備建設，重視抓好綜合保障和國防動員工作。加強經常性戰備工作，維護邊防、海防、空防安全。落實軍隊編制調整改革，繼 20 世紀 80 年代中期百萬大裁軍和 90 年代中後期裁軍 50 萬之後，決定到 2005 年前再裁減軍隊員額 20 萬。堅持從嚴治軍，重視軍事立法工作，嚴格按條令條例管理教育部隊，推進人才戰略工程，提高正規化水平，確保軍隊高度穩定和集中統一。

面對深刻變化的國際形勢，中共高舉和平、發展、合作的旗幟，堅持獨立自主的和平外交政策，按照大國是關鍵、周邊是首要、發展中國家是基礎、多邊是重要舞台的外交總體佈局，全方位開展對外工作，為全面建設小康社會營造了良好的國際環境。

在積極推動同各大國關係穩定發展方面，加強同美國在經貿、

能源、科技、衛生、反恐、防擴散、執法等領域的交流合作，妥善處理分歧，努力擴大利益交匯點，維護中美關係總體上穩定發展的勢頭。深化中俄戰略協作伙伴關係，加強雙邊合作和雙方在上海合作組織等多邊框架內的合作，加強雙方在重大國際和地區問題上的協調，深化兩國經貿、投資、能源、科技等領域的交流合作。推動中歐全面合作，在國際和地區問題上增加共識，加強雙邊貿易和雙方在科技、文化、教育領域的交流合作，不斷充實中歐全面戰略伙伴關係的內涵。促進中日兩國人民的友好，推進各領域的交流和合作。

在周邊外交方面。推進東亞區域合作，加入《東南亞友好合作條約》，實施推進中國——東盟戰略伙伴關係行動計劃，建立「十加一」合作機制，啟動中國——東盟自由貿易區建設進程，在區域合作進程中發揮重要作用。推動上海合作組織深化反恐合作，採取主動措施推進成員國在經貿、能源資源、科技、基礎設施建設等方面的合作。同印度建立面向和平與繁榮的戰略合作伙伴關係，簽訂關於解決中印邊界問題政治指導原則的協定。

加強同發展中國家的團結合作，鞏固同越南、朝鮮、老撾、古巴的傳統友誼，推進同巴西、印度、南非、墨西哥等發展中國家的對話和協調。

重視和支持聯合國在維護世界和平、促進共同發展方面發揮核心作用。積極參與聯合國改革方案的溝通和磋商，主動參與非傳統安全領域的雙邊和多邊合作，利用聯合國等多邊機構的資源，增強中國防範和應對各種安全威脅的能力。堅持實事求是、量力而行，妥善處理國際敏感問題和突發事件。在解決朝核問題、伊拉克問題和推動中東和平進程方面，發揮建設性作用。中國作為一個負責任

的大國，在國際事務中正發揮着越來越大的作用。

中國共產黨和政府還利用各種雙邊和多邊場合，闡明中國堅持走和平發展道路的決心，積極倡導和推動建設「和諧世界」。2005年4月22日，國家主席胡錦濤在雅加達亞非首腦會議上首次提出建設「和諧世界」的主張。強調推動經濟發展、改善人民生活始終是中國的中心任務，中國的發展主要依靠自己的力量，不會對任何人構成威脅，只會給世界帶來更多的發展機遇和更廣闊的市場；同時，中國堅持對外開放的基本國策，願意同世界各國開展互利合作，共同致力於建設一個持久和平、共同繁榮的和諧世界。

香港和澳門回歸祖國後，中共中央、國務院堅定不移地貫徹「一國兩制」「港人治港」「澳人治澳」、高度自治的方針，嚴格按照香港基本法和澳門基本法辦事，全力支持香港和澳門兩個特別行政區行政長官和政府的工作，廣泛團結港澳各界人士，共同維護和促進香港和澳門的繁榮、穩定和發展。

中央對香港與澳門的繁榮和穩定給予了全力支持，不僅採取有力措施幫助香港、澳門成功地擺脫了亞洲金融危機帶來的消極影響，而且通過進一步加強內地與港澳的聯繫，開展多領域的交流與合作，實施泛珠三角區域合作等一系列政策措施，促進港澳同內地的共同發展，為香港和澳門的繁榮與穩定提供了更廣闊的發展空間。

實現祖國的完全統一，是海內外中華兒女的共同心願。中共中央根據海峽兩岸關係和台灣形勢的變化，在原有政策基礎上又提出了一些新主張，採取了一些新舉措，推動兩岸關係不斷取得新進展。2005年3月4日，胡錦濤就新形勢下發展兩岸關係提出四點意見，強調堅持一個中國原則決不動搖，爭取和平統一的努力決不放棄，貫徹寄希望於台灣人民的方針決不改變，反對「台獨」分裂活

動決不妥協。四個「決不」的主張，在海峽兩岸和國際社會產生了重大反響，受到普遍歡迎和高度評價。3 月 14 日，十屆全國人大三次會議高票通過《反分裂國家法》，將中央關於解決台灣問題、反對分裂祖國的大政方針以法律的形式固定下來。

在中共中央正確方針的推動下，經過多方努力，兩岸間的政黨交流成功開啟。2005 年，台灣中國國民黨主席連戰、親民黨主席宋楚瑜以及新黨主席郁慕明相繼率團訪問大陸。胡錦濤總書記分別同他們會見、會談，共同發表公報，達成了堅持「九二共識」、反對「台獨」、謀求台海和平穩定、促進兩岸關係發展等多項共識。在中國共產黨和中國國民黨兩黨有關方面先後舉辦的三屆兩岸經貿文化論壇上，大陸方面共推出 48 項促進兩岸交流合作、惠及台灣同胞的政策措施。中國共產黨和親民黨有關方面也舉辦了兩岸民間精英論壇。通過兩岸政黨的廣泛交流與合作，進一步打開了遏制「台獨」分裂活動、促進兩岸關係發展的新局面。2007 年 9 月，第 62 屆聯合國大會以壓倒性多數否決了陳水扁當局唆使極少數國家提出的所謂「台灣加入聯合國」提案。2008 年 3 月，台灣舉行地方領導人選舉，在「台獨」道路上越走越遠的陳水扁當局終於被台灣人民所拋棄，國民黨重新取得執政地位，兩岸關係出現了有利於和平發展的新變化。

領導核心

　　把中國特色社會主義偉大事業不斷推向前進，關鍵是要以改革創新精神全面推進黨的建設新的偉大工程，在國內外形勢深刻變化的條件下不斷提高黨的執政能力、保持和發展黨的先進性，使中國共產黨始終成為中國特色社會主義事業的堅強領導核心。

　　根據中共十七大作出的部署，中共中央加緊建立健全保證中共科學執政、民主執政、依法執政的體制機制，努力解決黨內存在的突出矛盾和問題。一是加強理論武裝工作，推動廣大共產黨員特別是各級領導幹部自覺用中國特色社會主義理論體系指導客觀世界和主觀世界的改造。二是加強領導班子和幹部隊伍建設，強調德才兼備、以德為先的用人標準，對全國黨政領導班子、後備幹部隊伍建設作出規劃。三是加強人才工作，研究全國人才隊伍建設中長期規劃。四是加強基層黨的建設，落實保持共產黨員先進性的長效機制。五是加強黨內民主建設，推進黨務公開，充分發揮共產黨員在黨內事務中的參與、管理、監督作用。六是制定和實施今後五年建立健全懲治和預防腐敗體系工作規劃，不斷把黨風廉政建設和反腐敗鬥爭引向深入。

　　中共十七大決定在全黨開展深入學習實踐科學發展觀活動，這是用中國特色社會主義理論體系武裝全黨的重大舉措。根據中央統一要求和部署，學習實踐活動從 2008 年 3 月開始試點、同年 9 月全

面啟動,自上而下分三批進行,到 2010 年 2 月底基本結束,共有 370 多萬個黨組織、7500 多萬名黨員參加。經過全黨共同努力,學習實踐活動基本實現了提高思想認識、解決突出問題、創新體制機制、促進科學發展、加強基層組織的目標。

在中華人民共和國成立 60 周年之際,中共中央於 2009 年 9 月召開十七屆四中全會,進一步研究和部署以改革創新精神推進黨的建設新的偉大工程,通過了《中共中央關於加強和改進新形勢下黨的建設若干重大問題的決定》。全會對新形勢下加強和改進黨的建設作出了戰略部署:一是建設馬克思主義學習型政黨、提高全黨思想政治水平。二是堅持和健全民主集中制、積極發展黨內民主。三是深化幹部人事制度改革、建設善於推動科學發展和促進社會和諧的高素質幹部隊伍。四是做好抓基層打基礎工作、夯實黨執政的組織基礎。五是弘揚黨的優良作風、保持黨同人民群眾的血肉聯繫。六是加快推進懲治和預防腐敗體系建設、深入開展反腐敗鬥爭。

這次全會的召開,對於全面貫徹中共十七大精神,深入貫徹落實科學發展觀,保持經濟平穩較快發展,奪取全面建設小康社會新勝利、開創中國特色社會主義事業新局面,具有重大而深遠的意義。

宏偉藍圖

「十一五」時期，在中國共產黨領導下中國走向又好又快發展。國家先後制定和實施了中長期科技、人才、教育規劃綱要，確立在經濟社會發展中人才優先發展的戰略佈局，努力實現各類人才隊伍協調發展。不斷加大科技投入，基礎研究和前沿技術研究得到加強，取得高性能計算機、第三代移動通信、超級雜交水稻等一批重大創新成果，突破了一批關鍵技術。

2008 年 8 月 1 日中國第一條高速鐵路京津城際鐵路開通，到「十一五」期末的 2010 年，中國高速鐵路投入運營里程已達 7000 多

◎ 中國第一條高鐵——京津城際鐵路

公里，成為世界高鐵運營里程最長、速度最快的國家。坐在時速 350
公里的國產「和諧號」列車上，僅需 29 分鐘就能從北京來到天津。
高科技改變了中國人的生活，科技創新支撐和引領經濟社會發展的
能力明顯增強。2008 年 9 月 27 日，「神舟七號」飛船航天員翟志剛
在太空向祖國報告——「我已出艙，感覺良好」，實現了中國人的第
一次太空漫步。中國航天技術達到了一個新水平。

在推動實施區域協調發展總體戰略的基礎上，中國還重點研
究部署了推進西藏、新疆跨越式發展和長治久安的工作，並對加快
四川、雲南、甘肅、青海藏族聚居區經濟社會發展作出全面部署。
2010 年 1 月，中央召開第五次西藏工作座談會，研究制定推動西藏
經濟社會發展的重大政策舉措，強調堅持走有中國特色、西藏特點
的發展路子，緊緊抓住發展和穩定兩件大事，確保西藏各族人民物
質文化生活水平不斷提高，努力建設團結、民主、富裕、文明、和
諧的社會主義西藏。2010 年 5 月，中央召開新疆工作座談會，出台
推進新疆跨越式發展和長治久安的重大政策舉措，實施穩疆興疆、
富民固邊戰略，強調始終把推動科學發展作為解決一切問題的基
礎，始終把保障和改善民生作為全部工作的出發點和落腳點，始終
把加強民族團結作為長治久安的根本保障。在中央正確部署、全國
人民大力支援下，經過西藏、新疆人民的共同努力，推進西藏、新
疆跨越式發展和長治久安工作正在全面有序展開。

經過五年的努力奮鬥，中國勝利完成了「十一五」規劃確定的
主要目標和任務，社會生產力快速發展，綜合國力大幅提升，人民
生活明顯改善，國際地位和影響力顯著提高，社會主義經濟建設、
政治建設、文化建設、社會建設以及生態文明建設和黨的建設取得
重大進展，全面建設小康社會取得重大成就，譜寫了中國特色社會

主義事業新篇章。

「潮平兩岸闊，風正一帆懸。」在「十一五」規劃的各項任務即將完成時，中共中央開始就「十二五」時期的改革發展和社會主義現代化建設進行科學謀劃，研究部署。

2009 年 2 月，胡錦濤總書記先後主持召開中央政治局常務委員會會議、中央政治局會議討論決定，中共十七屆五中全會研究關於制定國民經濟和社會發展的第十二個五年規劃的建議問題。「十二五」規劃建議的起草工作由此正式啟動。

2010 年 10 月 15 日至 18 日，中共十七屆五中全會在北京召開。全會深入總結「十一五」時期中國發展成就和經驗，綜合考慮未來國際國內發展趨勢和條件，提出了今後 5 年中國發展的目標和任務，即：經濟平穩較快發展，經濟結構戰略性調整取得重大進展，城鄉居民收入普遍較快增加，社會建設明顯加強，改革開放不斷深化，使中國轉變經濟發展方式取得實質性進展，綜合國力、國際競爭力、抵禦風險能力顯著提高，人民物質文化生活明顯改善，全面建成小康社會的基礎更加牢固。

這些目標和任務，突出了保持經濟平穩較快發展、推進經濟結構戰略性調整、提高人民生活質量和水平、深化改革開放等方面的要求，涉及經濟建設、政治建設、文化建設、社會建設以及生態文明建設各個方面，為推動「十二五」時期的科學發展描繪了宏偉藍圖，既鼓舞人心又艱巨繁重，需要全黨上下全力以赴，確保這些目標如期實現。

百年目標 2010—2012.11.15

2012.11.15
中共十八屆一中全會選舉習近平為中央委員會總書記，決定習近平為中央軍事委員會主席。

2012.11.8–14
中共十八大提出兩個一百年奮鬥目標：在中國共產黨成立一百年時全面建成小康社會，在新中國成立一百年時建成富強民主文明和諧的社會主義現代化國家。

2010
中國國內生產總值接近40萬億元，超過日本成為世界第二大經濟體。

從嚴治黨 2012—2017

2012.11.15
在十八屆中央政治局常委與中外記者見面會上，習近平總書記提出：「打鐵還需自身硬。我們的責任就是同全黨同志一道，堅持黨要管黨、從嚴治黨，切實解決自身存在的突出問題，切實改進工作作風，密切聯繫群眾，使我們黨始終成為中國特色社會主義事業的堅強領導核心。」

外交新局 2013—2017

2013
習近平主席訪問中亞、東南亞期間，提出了「一帶一路」建設合作倡議。

中國經濟實力、科技實力、國防實力、國際影響力又上了一個大台階，從各方面為全面建成小康社會奠定了堅實基礎。

發展成就 2010—2014

2014.11.1
第十二屆全國人民代表大會常務委員會第十一次會議通過關於設立國家憲法日的決定，將12月4日設立為國家憲法日，國家通過多種形式開展憲法宣傳教育活動。

2013–2015
網上零售額年均增長超過40%；快遞業務量年均增長超過50%。

2012–2017
農業連續增產增收，糧食產量實現「十一連增」。

2010–2014
據世界銀行數據，中國人均國民總收入由4300美元提高至7380美元。

決勝小康

2016 至 2020 年是中國實施國民經濟和社會發展第十三個五年規劃（即「十三五」）的時期，也是全面建成小康社會、實現中共確定的「兩個一百年」奮鬥目標的第一個百年奮鬥目標的決勝階段。

歷史巨變

中共十九大召開。習近平代表第十八屆中央委員會向大會作了題為《決勝全面建成小康社會，奪取新時代中國特色社會主義偉大勝利》的報告。

理論創新

中共十九大立足時代和全局的高度，着眼中國特色社會主義事業長遠發展，對十八大以來中共理論創新成果進行總結和概括，鄭重提出「習近平新時代中國特色社會主義思想」，並把這一思想確立為中共的指導思想和行動指南，實現了中共指導思想的又一次與時俱進。

戰略安排

綜合分析國際國內形勢和中國的發展條件，從 2020 年到本世紀中葉可以分為兩階段來安排。第一個階段，從 2020 年到 2035 年，在全面建成小康社會的基礎上，再奮鬥 15 年，基本實現社會主義現代化。第二個階段，從 2035 年到本世紀中葉，在基本實現現代化的基礎上，再奮鬥 15 年，把中國建成富強民主文明和諧美麗的社會主義現代化強國。

戰略部署

中共十九大對繼續推進新時代中國特色社會主義作出戰略部署，強調指出，實現「兩個一百年」奮鬥目標、實現中華民族偉大復興的中國夢，必須從八個方面做出新的努力。

黨建引領

中共十九大報告提出「以黨的政治建設為統領」。

追夢路上

2019 年習近平主席在新年賀詞中說：「我們都在努力奔跑，我們都是追夢人。」

第八章
CHAPTER EIGHT

民族復興

2012 年 11 月召開的中共十八大，着眼於實現中華民族偉大復興提出了「兩個一百年」奮鬥目標，強調中共將堅定不移沿着中國特色社會主義道路前進，為全面建成小康社會而奮鬥。中共十八大以來，以習近平為核心的中共中央團結帶領全黨全國各族人民，全面審視國際國內新的形勢，通過總結實踐、展望未來，深刻回答了新時代堅持和發展什麼樣的中國特色社會主義、怎樣堅持和發展中國特色社會主義這個重大時代課題，創立了習近平新時代中國特色社會主義思想；堅持統籌推進「五位一體」總體佈局、協調推進「四個全面」戰略佈局，堅持穩中求進工作總基調，對中共和國家各方面工作提出一系列新理念新思想新戰略，推動中共和國家事業發生歷史性變革、取得歷史性成就，中國特色社會主義進入了新時代。

　　2017 年 10 月召開的中共十九大，綜合分析國際國內形勢和中國發展條件，對開啟全面建設社會主義現代化國家新征程作出「兩步走」戰略安排，號召全黨為奪取新時代中國特色社會主義偉大勝利，為實現中華民族偉大復興的中國夢不懈奮鬥。

百年目標

　　2010 年，是中國改革開放和社會主義現代化建設進程中的一個重要歷史節點。這一年，中國國內生產總值達到 397983 億元，比上年增長 10.3%，國內生產總值增長速度明顯快於世界主要國家或地區。根據日本政府公佈的 2010 年年度國內生產總值數據，中國已經超過日本成為世界第二大經濟體。同時，這一年的經濟總量是 2000 年的兩倍多，大大超過了 1997 年中共十五大提出的 21 世紀「第一個十年實現國民生產總值比 2000 年翻一番」的預期目標。2011 年，中國經濟繼續保持平穩較快增長，國內生產總值達到 47.3 萬億元。這標誌着中國綜合國力已有大幅提升。在這樣的基礎上，2012 年 11 月召開的中共十八大滿懷信心地進一步重申了中共十五大提出的兩個一百年奮鬥目標（即新「三步走」戰略的第二、第三步目標）——在中國共產黨成立一百年時全面建成小康社會，在新中國成立一百年時建成富強民主文明和諧的社會主義現代化國家。

　　2012 年 11 月 8 日至 14 日，中國共產黨第十八次全國代表大會在北京召開。這是在中國進入全面建成小康社會決定性階段召開的一次十分重要的大會。大會的主題是：高舉中國特色社會主義偉大旗幟，以鄧小平理論、「三個代表」重要思想、科學發展觀為指導，解放思想，改革開放，凝聚力量，攻堅克難，堅定不移沿着中國特色社會主義道路前進，為全面建成小康社會而奮鬥。這個主題，回

答了舉什麼旗、走什麼路，以什麼樣的精神狀態、朝着什麼樣的目標前進的問題。

中共十八大正確分析和判斷國際國內形勢變化新特點，認為世情、國情、黨情繼續發生深刻變化，中國面臨的發展機遇和風險挑戰前所未有，必須更加奮發有為、兢兢業業地工作，繼續推動科學發展、促進社會和諧，繼續改善人民生活、增進人民福祉，完成時代賦予的光榮而艱巨的任務。

十八大報告總結十六大以後十年的奮鬥歷程，認為最重要的就是勇於推進實踐基礎上的理論創新，形成和貫徹了科學發展觀。科學發展觀是中國特色社會主義理論體系最新成果，是中國共產黨集體智慧的結晶，是指導黨和國家全部工作的強大思想武器。科學發展觀同馬克思列寧主義、毛澤東思想、鄧小平理論、「三個代表」重要思想一道，是黨必須長期堅持的指導思想。面向未來，深入貫徹落實科學發展觀，對堅持和發展中國特色社會主義具有重大現實意義和深遠歷史意義，必須把科學發展觀貫徹到中國現代化建設全過程、體現到黨的建設各方面。

報告強調了「堅定不移走中國特色社會主義道路」的重要性，指出：道路關乎黨的命脈，關乎國家前途、民族命運、人民幸福。在改革開放 30 多年一以貫之的接力探索中，我們堅定不移高舉中國特色社會主義偉大旗幟，既不走封閉僵化的老路，也不走改旗易幟的邪路。中國特色社會主義道路，中國特色社會主義理論體系，中國特色社會主義制度，是中國共產黨和人民 90 多年奮鬥、創造、積累的根本成就，必須倍加珍惜、始終堅持、不斷發展。只要我們胸懷理想、堅定信念，不動搖、不懈怠、不折騰，頑強奮鬥、艱苦奮鬥、不懈奮鬥，就一定能在中國共產黨成立一百年時全面建成小康

社會，就一定能在新中國成立一百年時建成富強民主文明和諧的社會主義現代化國家。

十八大報告着眼於實現中華民族偉大復興，進一步明確了全面建成小康社會和全面深化改革開放新的目標要求。這就是：

——經濟持續健康發展。轉變經濟發展方式取得重大進展，在發展平衡性、協調性、可持續性明顯增強的基礎上，實現國內生產總值和城鄉居民人均收入比 2010 年翻一番。科技進步對經濟增長的貢獻率大幅上升，進入創新型國家行列。工業化基本實現，信息化水平大幅提升，城鎮化質量明顯提高，農業現代化和社會主義新農村建設成效顯著，區域協調發展機制基本形成。對外開放水平進一步提高，國際競爭力明顯增強。

——人民民主不斷擴大。民主制度更加完善，民主形式更加豐富，人民積極性、主動性、創造性進一步發揮。依法治國基本方略全面落實，法治政府基本建成，司法公信力不斷提高，人權得到切實尊重和保障。

——文化軟實力顯著增強。社會主義核心價值體系深入人心，公民文明素質和社會文明程度明顯提高。文化產品更加豐富，公共文化服務體系基本建成，文化產業成為國民經濟支柱性產業，中華文化走出去邁出更大步伐，社會主義文化強國建設基礎更加堅實。

——人民生活水平全面提高。基本公共服務均等化總體實現。全民受教育程度和創新人才培養水平明顯提高，進入人才強國和人力資源強國行列，教育現代化基本實現。就業更加充分。收入分配差距縮小，中等收入群體持續擴大，扶貧對象大幅減少。社會保障全民覆蓋，人人享有基本醫療衛生服務，住房保障體系基本形成，社會和諧穩定。

◎ 信息化社會

——資源節約型、環境友好型社會建設取得重大進展。主體功能區佈局基本形成，資源循環利用體系初步建立。單位國內生產總值能源消耗和二氧化碳排放大幅下降，主要污染物排放總量顯著減少。森林覆蓋率提高，生態系統穩定性增強，人居環境明顯改善。

報告還強調指出：全面建成小康社會，必須以更大的政治勇氣和智慧，不失時機深化重要領域改革，堅決破除一切妨礙科學發展的思想觀念和體制機制弊端，構建系統完備、科學規範、運行有效的制度體系，使各方面制度更加成熟更加定型。為此，十八大將中國特色社會主義事業總體佈局從「四位一體」擴展為「五位一體」。「五位一體」的總體佈局，對應着全國老百姓在經濟、政治、文化、社會、生態方面的五大權益。特別是通過生態文明建設，中國共產黨和國家將在實現當代人利益的同時，給自然留下更多修復空間，給農業留下更多良田，給子孫後代留下天藍、地綠、水淨的美好家

園。這表明，中共對中國特色社會主義建設規律的認識和實踐都達到了新的水平。

同時，十八大報告對中國共產黨的建設也作出了「五位一體」的總體部署，強調：全黨要增強緊迫感和責任感，牢牢把握加強黨的執政能力建設、先進性和純潔性建設這條主線，堅持解放思想、改革創新，堅持黨要管黨、從嚴治黨，全面加強黨的思想建設、組織建設、作風建設、反腐倡廉建設、制度建設，增強自我淨化、自我完善、自我革新、自我提高能力，建設學習型、服務型、創新型的馬克思主義執政黨，確保中共始終成為中國特色社會主義事業的堅強領導核心。

11 月 15 日，中共十八屆一中全會選舉習近平為中央委員會總書記，決定習近平為中央軍事委員會主席。

從嚴治黨

2012 年 11 月 15 日上午，在十八屆中央政治局常委與中外記者見面會上，習近平總書記擲地有聲地提出：「打鐵還需自身硬。我們的責任就是同全黨同志一道，堅持黨要管黨、從嚴治黨，切實解決自身存在的突出問題，切實改進工作作風，密切聯繫群眾，使我們黨始終成為中國特色社會主義事業的堅強領導核心。」這是習近平總書記在履新的第一天向全黨發出的從嚴治黨「動員令」。此後，中共中央堅持把從嚴治黨擺在突出位置，作出了一系列重大部署。

一是加強思想理論武裝，深入開展理想信念教育，注重用好紅色教育資源，充分發揮正反典型的教育警示作用，嚴肅黨內政治生活，重新拿起批評和自我批評武器，開展積極健康的思想鬥爭，增強黨內政治生活的政治性、原則性、戰鬥性。

二是聚焦「四風」狠抓作風建設，及時制定和嚴格實施八項規定，紮實開展黨的群眾路線教育實踐活動，深入推進「三嚴三實」專題教育，在全黨開展「兩學一做」學習教育並使之常態化制度化。

三是選拔忠誠、乾淨、擔當的好幹部，修訂《幹部任用條例》，強化黨組織領導和把關作用，改進民主推薦、民主測評，重點改進地方黨政領導班子和領導幹部政績考核工作，堅決糾正一些地方簡單以年齡劃槓、任職年齡層層遞減的現象，着力破解「唯票、唯分、唯 GDP、唯年齡」問題。

四是從嚴管理監督幹部，完善從嚴管理幹部隊伍制度體系，開展突出問題專項整治，嚴格日常管理監督，注重關心關愛幹部特別是基層幹部，提高老少邊窮地區、特殊崗位以及基層幹部待遇。

五是建設學習型、服務型、創新型基層黨組織，進一步突出政治功能，強化服務功能。健全縣鄉村三級便民服務網絡，加強農村、社區黨的建設，總結推廣浙江、吉林等地經驗，構建城鄉統籌的基層黨建新格局，加大軟弱渙散基層黨組織整頓力度。堅持黨員發展標準，切實提升發展黨員的質量，加強對黨員隊伍總體規模的調控，適當控制黨員數量增長過快勢頭，嚴格黨員教育管理，制定實施黨員教育培訓工作五年規劃；落實黨建工作責任制，全面開展市縣鄉黨委書記抓基層黨建述職評議考核，使基層黨建由「軟任務」變成了「硬指標」，強化各級黨組織書記管黨治黨的主責主業意識。

六是依紀依法嚴懲腐敗，查處嚴重違紀違法案件取得重大進展。中共十八大以來，共立案查處中管幹部超過 220 人，對周永康、徐才厚、令計劃、郭伯雄、蘇榮等高級領導幹部嚴重違紀問題進行立案審查，對山西省、中石油等地方和單位多年積累的嚴重腐敗問題進行嚴肅處理，彰顯了中共反對腐敗的堅定決心和堅強意志。加強和改進巡視工作，制定中央巡視工作五年規劃，確定中央巡視工作方針，修訂頒佈巡視工作條例，推動了巡視工作紮實有效開展，充分發揮了震懾、遏制和治本作用，成為反腐敗鬥爭的一把「利劍」。落實黨委（黨組）主體責任和紀委（紀檢組）監督責任，加大追責問責力度，對山西發生塌方式腐敗負有責任的省委班子進行了改組性質的調整，嚴肅處理了湖南衡陽破壞選舉案、四川南充拉票賄選案的有關責任人。大力推動紀檢體制改革，強化上級紀委對下級紀委的領導，推進紀檢機關轉職能、轉方式、轉作風，強化

監督執紀問責；全面落實中央紀委向中央一級黨和國家機關派駐紀檢機構，充分發揮「派」的權威和「駐」的優勢。

七是加強黨內法規制度建設。修訂黨內法規制定條例，編製黨內法規制定工作第一個五年規劃，首次開展黨內法規清理，制定出台 50 餘件重要黨內法規；紮實推進黨的建設制度改革，按照中央全面深化改革總體部署，成立黨的建設制度改革專項小組，從深化黨的組織制度、幹部人事制度、基層組織建設制度、人才發展體制機制改革 4 個方面，提出了 55 項具體改革任務。中央改革辦專門成立了督察局，對重點改革文件執行情況進行督察。把黨內法規執行納入黨委督察重要內容，建立健全黨內法規執行檢查常態化機制，堅決維護制度的嚴肅性和權威性。

全面從嚴治黨，是新一屆中央領導集體治國理政最鮮明的特徵。它與全面建成小康社會、全面深化改革、全面依法治國一起構成了「四個全面」戰略佈局並且為其他「三個全面」提供政治引領和組織保證。

外交新局

　　中共十八大以來，以習近平為總書記的中共中央繼續高舉和平、發展、合作、共贏的旗幟，堅定奉行獨立自主的和平外交政策和互利共贏的開放戰略，致力於維護世界和平、促進共同發展，推動開放型經濟發展取得新成就，進一步開創了中國外交和對外開放的新局面，使中國特色社會主義道路展現出更加廣闊的發展前景。

　　一是用「親、誠、惠、容」理念經略和塑造周邊。倡導和堅持與鄰為善、以鄰為伴，堅持睦鄰、安鄰、富鄰，突出體現親、誠、惠、容的理念。在實踐中，提出通過堅持講信修睦、堅持合作共贏、堅持守望相助、堅持心心相印、堅持開放包容和「2+7」合作框架發展與東盟的關係，打造更加緊密的中國——東盟命運共同體。堅決反對日本歪曲歷史和破壞戰後國際秩序的圖謀。處理南海問題，贊成並倡導「雙軌思路」。

　　二是積極推動建立長期穩定健康發展的新型大國關係。繼續深化中俄全面戰略協作伙伴關係，重點加大相互政治支持，堅定支持對方維護國家主權、安全、發展利益的努力，走符合本國國情的發展道路。推動中美建立不對抗不衝突、相互尊重、合作共贏的新型大國關係，開創大國關係發展新模式。加強與發展中歐關係，強調中國和歐盟要做和平伙伴，帶頭走和平發展道路；要做增長伙伴，相互提供發展機遇；要做改革的伙伴，相互借鑒、相互支持；要做

文明伙伴，為彼此進步提供更多營養。

三是以正確義利觀和新框架深化與發展中國家合作。以「真、實、親、誠」和「461」框架打造中非合作升級版。以「1+2+3」合作格局深化中阿天然合作伙伴關係。以「1+3+6」合作新框架構建中拉關係五位一體新格局。堅持同金磚國家做好朋友、好兄弟、好伙伴，發揚金磚國家獨特的合作伙伴精神，推動金磚國家形成更緊密、更全面、更牢固的伙伴關係。做世界和平的維護者、全球安全的促進者、國際安全秩序的建設者，將共同打擊恐怖主義和維護網絡安全作為重點合作領域，倡導新的安全觀，共同維護以聯合國為核心的國際安全合作體系。

四是積極開展多邊外交。支持聯合國、二十國集團、上海合作組織、金磚國家等發揮積極作用，推動國際秩序和國際體系朝著公正合理的方向發展。在聯合國、APEC會議、中國—東盟峰會、金磚國家峰會、上合組織會議、朝核問題六方會談機制、伊核問題國際會議機制以及博鼇亞洲論壇等各種多邊場合，中國領導人充分利用多邊機制的舞台作用，展示了中國外交的新理念、新風格。

五是紮實推進公共外交和人文交流，維護中國海外合法權益。重視公共外交，傳播好中國聲音，講好中國故事，向世界展現一個真實、立體、全面的中國。開展同各國政黨和政治組織的友好往來，加強人大、政協、地方、民間團體的對外交流，夯實國家關係發展社會基礎。多領域、多渠道、多層次開展民間對外友好交流，廣交朋友、廣結善緣，以誠感人、以心暖人、以情動人，引導國外機構和優秀人才以各種方式參與中國現代化建設。

此外，還積極推動與各國合作共贏，讓命運共同體落地生根。摒棄「你輸我贏，非贏即輸」的陳舊思維，在經濟上，強調尋求共

◎ APEC 會議

同利益，主張共同發展和繁榮；在政治上，強調相互尊重、平等相
待；在安全上，強調既重視自身安全，又重視共同安全，推動各方
朝着互利共贏、共同安全的目標相向而行；在文化上，強調包容互
鑒、共生共存，主張「各美其美，美美與共」。

　　在對外開放方面，實施更加積極主動的開放戰略，開放型經濟
對經濟社會發展的貢獻日益突出。一是貿易大國地位得到鞏固和提
升，連續兩年成為世界貨物貿易第一大國。二是利用外資水平不斷
提高，連續 23 年位居發展中國家首位。三是走出去步伐加快，對
外投資連續 3 年位居世界第三。四是多雙邊經貿關係取得新成果，
參與國際經濟治理的話語權和主導權增強，中國積極參與二十國集
團、金磚國家等機制建設，充分利用聯合國、亞太經合組織、亞歐
會議等平台，成功舉辦了 APEC 北京峰會、G20 杭州峰會，引導國
際經濟秩序朝於中國有利方向發展。

　　自貿試驗區建設主要任務是推動體制機制創新，探索中國對外
開放的新路徑和新模式，為全面深化改革、擴大開放積累經驗。國
務院批准設立上海、廣東、天津、福建等自貿試驗區以來，自貿試
驗區建設取得了積極進展。一是以負面清單管理為核心的外商投資

管理制度基本建立。二是以貿易便利化為重點的貿易監管制度有效運行。三是以資本項目可兌換和金融服務業開放為目標的金融創新制度有序推進。四是逐步在全國推行自貿試驗區經驗。

建設「一帶一路」是以習近平為核心的中共中央統籌國內國際兩個大局做出的重大戰略決策。2013年，習近平主席訪問中亞、東南亞期間，提出了「一帶一路」建設合作倡議。近幾年來，按照中共中央、國務院的總體部署，秉承共商共建共享原則，緊緊圍繞「五通」，全面推進與沿線國家各領域務實合作，取得了階段性成果。一是合作規模不斷擴大。2014年，中國與沿線國家貿易總額達到1.12

◎ 「一帶一路」

萬億美元，佔中國貿易總額的 26%；對外直接投資 125 億美元，佔中國對外投資總額的 12.1%，完成工程承包營業額 643 億美元，接近總額的一半。二是合作領域不斷拓展，從傳統的商品和勞務輸出為主發展到商品、服務、資本輸出「多頭並進」，從單個企業走出去發展到通過境外經貿合作區建設集群式走出去。三是一批重大合作項目紮實推進。中國—中亞天然氣管道 D 線、中俄東線天然氣管道、中哈連雲港物流合作基地、巴基斯坦瓜達爾港、匈塞鐵路等項目進展順利，中白工業園、中馬欽州產業園和馬中關丹產業園、中印尼綜合產業園、中埃蘇伊士經貿合作區等園區加快建設。這些項目促進了相關國家經濟社會發展，帶動了就業和民生改善，展現了「一帶一路」建設的廣闊前景。2017 年 5 月 14 日至 15 日，在北京成功舉辦「一帶一路」國際合作高峰論壇，在新時期中國特色大國外交的實踐歷程中，寫下了濃墨重彩的一頁。

發展成就

中共十八大以來，以習近平為總書記的中共中央毫不動搖堅持和發展中國特色社會主義，勵精圖治、奮發有為，勇於實踐、善於創新，積極適應和把握引領中國經濟發展新常態，着力實施全面建成小康社會、全面深化改革、全面依法治國、全面從嚴治黨戰略佈局，牢固樹立和貫徹落實創新、協調、綠色、開放、共享的新發展新理念。中國經濟社會發展再上新台階、再展新畫卷，為全面建成小康社會、實現中華民族偉大復興的中國夢打下了堅實的基礎。

經濟保持持續較快發展，經濟總量穩居世界第二位，人均國內生產總值增至 49351 元（折合 7924 美元）。中共中央積極應對國際金融危機持續影響等一系列重大風險挑戰，適應和引領經濟發展新常態，不斷創新和完善宏觀調控，推動形成經濟結構優化、發展動力轉換、發展方式轉變加快的良好態勢。中國經濟體量持續擴大，增量尤為可觀，對世界經濟增長的貢獻超過 25%。新舊動力有序轉換，創新驅動後勁增強。中共中央把創新擺在國家發展全局的核心位置，不斷深化科技體制改革，奮力推進「大眾創業、萬眾創新」，大力實施「互聯網＋」和「中國製造 2025」，創新對經濟社會發展的支撐和引領作用日益凸顯，發展後勁不斷增強。創業創新熱潮湧動。新產業、新業態、新商業模式方興未艾。2013—2015 年，網上零售額年均增長超過 40%；快遞業務量年均增長超過 50%；新能源

汽車、工業機器人、光電子器件等高新技術產品高速增長。

結構調整穩中有進，經濟發展協調性增強。中共中央把穩增長的壓力轉化為調結構的動力，既利用市場倒逼機制，又加強政策引導，既堅決淘汰化解過剩產能，又力促服務業和消費加快發展，經濟轉型升級勢頭良好，第三產業佔比持續提高，服務業主導特徵更加突出。與此同時，農業連續增產增收，糧食產量實現「十一連增」。

基礎設施水平全面躍升，高技術產業、戰略性新興產業加快發展，一批重大科技成果達到世界先進水平。交通、水利、能源、信息等基礎設施建設步伐加快。高效、便捷的鐵路網、公路網、航空運輸網、城際鐵路網、航道網逐漸形成。建設了一批跨流域調水和骨幹水源工程。信息化水平全面提高，新一代移動通信網、下一代互聯網、數字廣播電視網、衛星通信等設施建設加快，逐步形成了超高速、大容量、高智能國家幹線傳輸網絡，推動了三網互聯互通和業務融合。科技創新能力明顯增強，科技整體水平加速提升。科技體制改革取得重要突破，企業的技術創新主體地位增強，大眾創業、萬眾創新蓬勃開展。《促進科技成果轉化法》修訂實施、國家科技計劃項目和經費管理、科技資源開放共享等重點領域改革正在全面推進，高溫超導、量子理論、乾細胞研究等基礎科研領域取得重要突破，載人航天和探月、載人深潛、高性能計算、移動通信和新能源汽車等工程技術領域取得驕人成就，全社會大眾創業、萬眾創新如火如荼，眾創空間發展勢頭強勁。

民生事業持續改善，發展成果全民共享。在經濟下行壓力加大的情況下，中共中央堅持民生優先，不斷深化養老、醫療、教育等領域改革，民生事業持續改善，民生保障網越織越牢。居民收入較快增長，減貧成績突出，城鎮保障性安居工程建設和棚戶區改造有

力推進。國家統一了城鄉居民基本養老保險制度，提高「新農合」籌資水平，全面啟動機關事業養老保險制度改革，覆蓋城鄉居民的社會保障體系不斷健全，保障水平穩步提高。新增就業持續增加，貧困人口大幅減少，人民生活水平和質量進一步提高。就業和物價總體穩定，居民收入較快增長。據世界銀行數據，中國人均國民總收入由 2010 年的 4300 美元提高至 2014 年的 7380 美元，在上中等收入國家中的位次不斷提高。對於有 13 億多人口的大國來講，這是了不起的成就。

公共服務體系基本建立、覆蓋面持續擴大，教育水平明顯提升，全民健康狀況明顯改善。覆蓋城鄉居民的社會保障體系不斷健全，社會事業和民生保障的財政支出逐年增大，養老、醫療、住房等社會保障水平穩步提高，新型農村養老保險和城鎮居民養老保險合併為統一的城鄉居民基本養老保險制度，城鄉居民最低生活保障標準年均增長 10% 以上，全國城鎮保障性安居工程建設提速。文化事業、產業繁榮發展，各項重點文化惠民工程提前實現「十二五」目標，圖書館、文化館、科技館等公共文化設施向社會免費開放。文化產業快速增長，文化市場繁榮活躍，國際傳播能力顯著提升，國家文化軟實力不斷增強。深入推進群眾性精神文明創建活動，中華民族偉大復興的中國夢和社會主義核心價值觀深入人心，全黨全國人民團結奮鬥的共同思想基礎更加鞏固。各級各類教育發展水平明顯提高。九年義務教育全面普及，現代職業教育體系框架基本形成，高等教育規模穩步擴大。教育領域綜合改革不斷深化，考試招生制度改革全方位推展，以管辦評分離為導向的教育管理體制和辦學體制改革出現新的格局。醫療衛生事業取得顯著成績，醫療保障制度得到完善，大病醫保覆蓋所有城鄉居民基本醫保

參保人群，疾病應急救助制度全面建立，城鄉基層醫療衛生服務體系不斷完善，公立醫院綜合改革全面推開，醫改綜合改革試點取得進展。

生態文明建設取得新進展，主體功能區制度逐步健全，主要污染物排放持續減少，節能環保水平明顯提升。保護生態環境就是保護生產力，改善生態環境就是發展生產力。面對日趨強化的資源環境約束，中共中央着力改變過去高污染、高排放、高消耗的發展方式，加快構建資源節約、環境友好的生產方式和消費模式，中國節能降耗取得明顯成效。能源消費結構深刻變化，能源利用效率整體提升，高耗能行業投資增長低於整體，生態文明制度、法律法規不斷完善，相關的體制機制改革和重點建設任務全面推進。

全面深化改革有力推進，經濟體制繼續完善。堅持改革方向，最大程度激發微觀主體活力和創造力。注重釐清政府與市場邊界，充分發揮市場在資源配置中的決定性作用和更好發揮政府作用，為經濟穩定增長提供了重要的體制機制保障。積極穩妥地推進財稅、金融、國有企業等重點領域改革，堅持改革方向，更好地助力轉型升級。瞄準體制性、結構性問題，着力加強供給側結構性改革。以新供給創造新需求，從供給側實現新躍升，這是宏觀調控思路與時俱進的一次重大變革。

對外開放不斷深入，成為全球第一貨物貿易大國和主要對外投資大國，人民幣納入國際貨幣基金組織特別提款權貨幣籃子。加快構建開放型經濟新體制，深入實施「一帶一路」戰略，籌建和成立亞洲基礎設施投資銀行，加快自由貿易試驗區建設，推進人民幣國際化進程，以開放的主動贏得了發展的主動、國際競爭的主動。建設「一帶一路」有利於發掘潛在的合作機會，釋放沿線各國的發展

潛力，也有利於拓展國際市場，推動「中國製造」走出去。

　　人民民主不斷擴大，依法治國開啟新征程。民主制度更加完善，民主形式更加豐富；依法治國基本方略全面、深入、紮實推進，憲法的地位和作用得到進一步彰顯和加強，將每年 12 月 4 日確定為國家憲法日，在全社會弘揚憲法精神；深入推進科學立法、民主立法，加強重點領域立法，中國特色社會主義法律體系不斷完善；深入推進依法行政，法治政府建設步伐加快；深入推進公正司法，深化司法體制改革，設立巡迴法庭，審理跨行政區域案件；設立知識產權法院，加強知識產權司法保護；推進以審判為中心的訴訟制度改革，冤假錯案預防和糾正機制不斷健全。深入推進法治社會建設，健全普法宣傳教育機制，提高社會治理法治化水平；法律服務體系建設日趨完備，法律援助制度不斷完善，依法維權和矛盾糾紛解決機制不斷健全；加強和改進黨對法治工作的領導，黨依據憲法法律治國理政的能力與水平不斷提高。

　　國防和軍隊建設成就顯著。加速推進中國特色軍事變革，強軍興軍邁出新步伐。堅持用黨的創新理論武裝全軍，實現軍事戰略指導新飛躍，軍隊現代化戰略轉型成果豐碩。部隊信息化綜合集成建設加快推進，全面建設現代後勤不斷深化，航空母艦、大型運輸機、新型戰略導彈等高新技術武器研製取得重要突破。國防和軍隊改革有序推進。軍民融合體制機制日趨完善，國防科技工業綜合實力顯著增強。嚴密組織海洋維權和重大軍事行動，有力捍衛了國家主權、安全和發展利益。積極開展國際軍事合作，成功進行中俄海上聯合軍事演習和上合組織聯合軍事演習，積極參加亞丁灣護航和利比亞、也門撤僑，支援西非抗擊埃博拉疫情，為維護地區穩定和世界和平發揮了重要作用。

這些成就表明，中國經濟實力、科技實力、國防實力、國際影響力又上了一個大台階，從各方面為全面建成小康社會奠定了堅實基礎。

◎ 亞丁灣護航

決勝小康

　　2016 年至 2020 年是中國實施國民經濟和社會發展第十三個五年規劃（即「十三五」）的時期，也是全面建成小康社會、實現中共確定的「兩個一百年」奮鬥目標的第一個百年奮鬥目標的決勝階段。制定和實施好「十三五」規劃建議，闡明中國共產黨和國家戰略意圖，明確發展的指導思想、基本原則、目標要求、基本理念、重大舉措，描繪好未來 5 年國家發展藍圖，事關全面建成小康社會、全面深化改革、全面依法治國、全面從嚴治黨戰略佈局的協調推進，事關中國經濟社會持續健康發展，事關社會主義現代化建設大局。

　　為制定好「十三五」規劃，2015 年 1 月，中共中央政治局決定，中共十八屆五中全會審議「十三五」規劃建議，並成立由習近平總書記擔任組長，李克強總理、張高麗副總理擔任副組長，有關部門和地方負責人參加的文件起草組，在中央政治局常委會領導下承擔建議稿起草工作。1 月 28 日，中共中央發出《關於對黨的十八屆五中全會研究「十三五」規劃建議徵求意見的通知》，在黨內一定範圍徵求意見和建議。2 月 10 日，文件起草組召開第一次全體會議，建議稿起草工作正式啟動。

　　文件起草組成立後，深入開展專題調研，廣泛徵求各方意見。在徵求意見過程中，大家普遍認為，「十三五」時期中國發展仍處於可以大有作為的重要戰略機遇期，但戰略機遇期內涵發生深刻變

化，中國發展既面臨許多有利條件，也面臨不少風險挑戰。希望通過制定建議明確「十三五」時期中國經濟社會發展的基本思路、主要目標，特別是要以新的發展理念推動發展，提出一些具有標誌性的重大戰略、重大工程、重大舉措，着力解決突出問題和明顯短板，確保如期全面建成小康社會，保持經濟社會持續健康發展。為此，各方面提出了許多好的意見和建議，主要有以下六個方面：一是建議對「十三五」時期中國發展面臨的機遇和挑戰作出更加深入和更具前瞻性的分析概括。二是建議進一步突出人民群眾普遍關心的就業、教育、社保、住房、醫療等民生指標。三是建議抓住新一輪科技革命帶來的機遇，將優勢資源集聚到重點領域，力求在關鍵核心技術上取得突破。四是建議進一步提高綠色指標在「十三五」規劃全部指標中的權重，把保障人民健康和改善環境質量作為更具約束性的硬指標。五是建議重視促進內陸地區特別是中西部地區對外開放。六是建議更加注重通過改善二次分配促進社會公平，明確精準扶貧、精準脫貧的政策舉措，把更多公共資源用於完善社會保障體系。文件起草組在起草過程中，充分考慮、認真吸收了各方面意見和建議。

建議稿的起草，充分考慮了「十三五」時期中國經濟社會發展的趨勢和要求。一是「十三五」規劃作為中國經濟發展進入新常態後的第一個五年規劃，必須適應新常態、把握新常態、引領新常態。二是面對經濟社會發展新趨勢新機遇和新矛盾新挑戰，謀劃「十三五」時期經濟社會發展，必須確立新的發展理念，用新的發展理念引領發展行動。為此，建議稿提出了創新、協調、綠色、開放、共享的發展理念，並以這五大發展理念為主線對建議稿進行謀篇佈局。這五大發展理念，是「十三五」乃至更長時期中國發展思

路、發展方向、發展着力點的集中體現，也是改革開放 30 多年來中國發展經驗的集中體現，反映出中共對中國發展規律的新認識。三是「十三五」規劃作為全面建成小康社會的收官規劃，必須緊緊扭住全面建成小康社會存在的短板，在補齊短板上多用力，着力提高發展的協調性和平衡性。

建議稿形成後，中央政治局決定下發黨內一定範圍徵求意見，包括徵求黨內部分老幹部意見，還專門聽取了民主黨派中央、全國工商聯負責人和無黨派人士意見。其間，中央政治局常委會召開 3 次會議、中央政治局召開 2 次會議分別審議建議稿。各地區各部門對建議稿給予充分肯定，認為建議稿體現了「四個全面」戰略佈局和「五位一體」總體佈局，反映了中共十八大以來中共中央決策部署，順應了中國經濟發展新常態的內在要求，有很強的思想性、戰略性、前瞻性、指導性。建議稿堅持問題導向，聚焦突出問題和明顯短板，回應人民群眾訴求和期盼，提出一系列新的重大戰略和重要舉措，對保持經濟社會持續健康發展具有重要推動作用。

建議稿提出了一系列新的發展要求和重大舉措。比如：關於經濟保持中高速增長，建議稿提出今後 5 年經濟保持中高速增長的目標，確保到 2020 年實現國內生產總值和城鄉居民人均收入比 2010 年翻一番的目標；關於戶籍人口城鎮化率加快提高，建議稿提出要加快落實中央確定的使 1 億左右農民工和其他常住人口在城鎮定居落戶的目標；關於中國現行標準下農村貧困人口實現脫貧、貧困縣全部摘帽、解決區域性整體貧困，建議稿提出通過實施脫貧攻堅工程，實施精準扶貧、精準脫貧，實現 7017 萬農村貧困人口脫貧目標；關於實施一批國家重大科技項目和在重大創新領域組建一批國家實驗室，建議稿提出以國家目標和戰略需求為導向，瞄準國際科

技前沿，佈局一批體量更大、學科交叉融合、綜合集成的國家實驗室，優化配置人財物資源，形成協同創新新格局，形成代表國家水平、國際同行認可、在國際上擁有話語權的科技創新實力，成為搶佔國際科技制高點的重要戰略創新力量。此外，還提出加強統籌協調、改革並完善適應現代金融市場發展的金融監管框架，實行能源和水資源消耗、建設用地等總量和強度雙控行動，探索實行耕地輪作休耕制度試點，實行省以下環保機構監測監察執法垂直管理制度，全面實施一對夫婦可生育兩個孩子政策，等等。

2015 年 10 月 26 日至 29 日，中國共產黨第十八屆中央委員會第五次全體會議在北京舉行。全會聽取和討論了習近平受中央政治局委託作的工作報告，審議通過了《中共中央關於制定國民經濟和社會發展第十三個五年規劃的建議》。習近平就《建議（討論稿）》向全會作了說明。

全會深入分析了「十三五」時期中國發展環境的基本特徵，認為中國發展仍處於可以大有作為的重要戰略機遇期，也面臨諸多矛盾疊加、風險隱患增多的嚴峻挑戰。我們要準確把握戰略機遇期內涵的深刻變化，更加有效地應對各種風險和挑戰，繼續集中力量把自己的事情辦好，不斷開拓發展新境界。

全會提出了「十三五」時期中國發展的指導思想：高舉中國特色社會主義偉大旗幟，全面貫徹中共十八大和十八屆三中、四中全會精神，以馬克思列寧主義、毛澤東思想、鄧小平理論、「三個代表」重要思想、科學發展觀為指導，深入貫徹習近平總書記系列重要講話精神，堅持全面建成小康社會、全面深化改革、全面依法治國、全面從嚴治黨的戰略佈局，堅持發展是第一要務，以提高發展質量和效益為中心，加快形成引領經濟發展新常態的體制機制和發

展方式，保持戰略定力，堅持穩中求進，統籌推進經濟建設、政治建設、文化建設、社會建設、生態文明建設和黨的建設，確保如期全面建成小康社會，為實現第二個百年奮鬥目標、實現中華民族偉大復興的中國夢奠定更加堅實的基礎。

全會強調，如期實現全面建成小康社會奮鬥目標，推動經濟社會持續健康發展，必須遵循以下原則：堅持人民主體地位，堅持科學發展，堅持深化改革，堅持依法治國，堅持統籌國內國際兩個大局，堅持中國共產黨的領導。

全會提出了全面建成小康社會新的目標要求：經濟保持中高速增長，在提高發展平衡性、包容性、可持續性的基礎上，到 2020 年國內生產總值和城鄉居民人均收入比 2010 年翻一番，產業邁向中高端水平，消費對經濟增長貢獻明顯加大，戶籍人口城鎮化率加快提高。農業現代化取得明顯進展，人民生活水平和質量普遍提高，中國現行標準下農村貧困人口實現脫貧，貧困縣全部摘帽，解決區域性整體貧困。國民素質和社會文明程度顯著提高。生態環境質量總體改善。各方面制度更加成熟更加定型，國家治理體系和治理能力現代化取得重大進展。

全會強調，實現「十三五」時期發展目標，破解發展難題，厚植發展優勢，必須牢固樹立並切實貫徹創新、協調、綠色、開放、共享的發展理念。這是關係中國發展全局的一場深刻變革。全黨上下要充分認識這場變革的重大現實意義和深遠歷史意義。

全會分析了當前形勢和任務，強調當前和今後一個時期，全黨全國的一項重要政治任務，就是深入貫徹落實全會精神，把《建議》確定的各項決策部署和工作要求落到實處。

根據《中共中央關於制定國民經濟和社會發展第十三個五年規

劃的建議》，國務院組織專門力量制定了《中華人民共和國國民經濟和社會發展第十三個五年規劃綱要》，闡明了國家戰略意圖，明確了經濟社會發展宏偉目標、主要任務和重大舉措，內容極其豐富，並且實現了和各專項規劃、地方規劃的有效銜接，促進全國發展一盤棋；也實現了規劃落實和年度工作部署的有效銜接。

2016 年 3 月 16 日，十二屆全國人大四次會議表決通過了關於國民經濟和社會發展第十三個五年規劃綱要的決議。決議指出，會議同意全國人大財政經濟委員會的審查結果報告，決定批准這個規劃綱要。會議認為，「十三五」規劃綱要全面貫徹了《中共中央關於制定國民經濟和社會發展第十三個五年規劃的建議》的精神，提出的「十三五」時期經濟社會發展的主要目標、重點任務和重大舉措，符合中國國情和實際，體現了全國各族人民的共同意願，反映了時代發展的客觀要求，經過努力是完全可以實現的。

「十三五」規劃綱要是市場主體的行為導向，是政府履行職責的重要依據，也是全國各族人民的共同願景。實現「十三五」時期經濟社會發展的各項目標和任務，前景值得期待，也需要全黨和全國各族人民的共同努力。

歷史巨變

　　2017 年 10 月 18 日，中國共產黨第十九次全國代表大會在北京人民大會堂隆重開幕。這次大會，是在全面建成小康社會決勝階段、中國特色社會主義進入新時代的關鍵時期召開的一次十分重要的大會。大會的主題是：不忘初心，牢記使命，高舉中國特色社會主義偉大旗幟，決勝全面建成小康社會，奪取新時代中國特色社會主義偉大勝利，為實現中華民族偉大復興的中國夢不懈奮鬥。

　　習近平代表第十八屆中央委員會向大會作了題為《決勝全面建成小康社會，奪取新時代中國特色社會主義偉大勝利》的報告。報告共分 13 個部分，總結了十八大以來中國共產黨和國家事業的歷史性成就和歷史性變革，深刻闡述了新時代中國特色社會主義思想和

◎ 「不忘初心、牢記使命」主題教育

基本方略，系統回答了在新時代堅持和發展什麼樣的中國特色社會主義，怎樣堅持和發展中國特色社會主義的重大時代課題，通篇閃耀馬克思主義真理光輝。報告描繪了全面建成社會主義現代化強國的「兩步走」宏偉藍圖，展示了當代中國共產黨人為人民謀福祉、為民族謀復興的本色初衷和使命擔當，是立足新起點、開啟新時代的政治宣言，是舉旗定向、謀篇佈局的奮鬥綱領，為實現中華民族偉大復興的中國夢提供了科學的行動指南和強大的精神力量。10月25日，中共十九屆一中全會選舉習近平為中央委員會總書記，決定習近平為中央軍事委員主席。

在十九大報告中，習近平總書記莊嚴宣告：「經過長期努力，中國特色社會主義進入了新時代，這是中國發展新的歷史方位。」

中共十八大以後的五年間，面對世界經濟復蘇乏力、局部衝突和動盪頻發、全球性問題加劇的外部環境，面對中國經濟發展進入新常態等一系列深刻變化，以習近平為核心的中共中央堅持穩中求進工作總基調，迎難而上，開拓進取，取得了改革開放和社會主義現代化建設的歷史性成就。這主要表現在：

經濟保持中高速增長，在世界主要國家中名列前茅。國內生產總值從 54 萬億元增長到 82.7 萬億元，年均增長 7.1%，佔世界經濟比重從 11.4% 提高到 15% 左右，對世界經濟增長貢獻率超過 30%。

改革全面發力、多點突破、縱深推進。習近平總書記親自主持召開 38 次中央全面深化改革領導小組會議，共審議、通過重點改革文件 360 多個，中央和國家有關部門共推出 1500 多項改革舉措，重要領域和關鍵環節改革取得突破性進展，主要領域改革主體框架基本確立。

黨的領導體制機制不斷完善，社會主義協商民主全面展開，

愛國統一戰線鞏固發展，民族宗教工作創新推進。科學立法、嚴格執法、公正司法、全民守法深入推進，法治國家、法治政府、法治社會建設相互促進。國家監察體制改革試點取得實效，行政體制改革、司法體制改革、權力運行制約和監督體系建設有效實施。

黨的理論創新全面推進，馬克思主義在意識形態領域的指導地位更加鮮明，中國特色社會主義和中國夢深入人心，社會主義核心價值觀和中華優秀傳統文化廣泛弘揚，群眾性精神文明創建活動紮實開展。

深入貫徹以人民為中心的發展思想，一大批惠民舉措落地實施，人民獲得感顯著增強。6000 多萬貧困人口穩定脫貧，年均減貧 1300 萬人以上，貧困發生率從 10.2% 下降到 4% 以下。教育事業全面發展，中西部和農村教育明顯加強。就業狀況持續改善，城鎮新增就業年均 1300 萬人以上。覆蓋城鄉居民的社會保障體系基本建立，人民健康和醫療衛生水平大幅提高，保障性住房建設穩步推進。社會治理體系更加完善，社會大局保持穩定，國家安全全面加強。

生態文明制度體系加快形成，主體功能區制度逐步健全，國家公園體制試點積極推進。全面節約資源有效推進，能源資源消耗強度大幅下降。生態環境治理明顯加強，環境狀況得到改善。引導應對氣候變化國際合作，成為全球生態文明建設的重要參與者、貢獻者、引領者。

全力推進國防和軍隊現代化。召開古田全軍政治工作會議，人民軍隊政治生態得到有效治理。國防和軍隊改革取得歷史性突破，形成軍委管總、戰區主戰、軍種主建新格局，人民軍隊組織架構和力量體系實現革命性重塑。加強練兵備戰，有效遂行海上維權、反恐維穩、搶險救災、國際維和、亞丁灣護航、人道主義救援等重大

任務，武器裝備加快發展，軍事鬥爭準備取得重大進展。

全面準確貫徹「一國兩制」方針。深化內地和港澳地區交流合作，保持香港、澳門繁榮穩定。堅持一個中國原則和「九二共識」，推動兩岸關係和平發展，加強兩岸經濟文化交流合作，實現兩岸領導人歷史性會晤。

全面推進中國特色大國外交。實施共建「一帶一路」倡議，發起創辦亞洲基礎設施投資銀行，設立絲路基金，舉辦首屆「一帶一路」國際合作高峰論壇、亞太經合組織領導人非正式會議、二十國集團領導人杭州峰會、金磚國家領導人廈門會晤、亞信峰會。倡導構建人類命運共同體，促進全球治理體系變革。中國國際影響力、感召力、塑造力進一步提高，為世界和平與發展作出新的重大貢獻。

全面加強黨的領導和黨的建設，堅決改變管黨治黨寬鬆軟狀況。推動全黨尊崇黨章，增強政治意識、大局意識、核心意識、看齊意識，堅決維護中共中央權威和集中統一領導，嚴明黨的政治紀律和政治規矩。開展黨的群眾路線教育實踐活動和「三嚴三實」專題教育，推進「兩學一做」學習教育常態化制度化。貫徹新時期好幹部標準，深入推進黨的建設制度改革，黨內法規制度體系不斷完善。把紀律挺在前面，着力解決人民群眾反映最強烈、對黨的執政基礎威脅最大的突出問題。出台中央八項規定，嚴厲整治「四風」問題，堅決反對特權。發揮巡視利劍作用，實現中央和省級黨委巡視全覆蓋。堅持反腐敗無禁區、全覆蓋、零容忍，堅定不移「打虎」「拍蠅」「獵狐」。五年間，共立案審查省軍級以上黨員幹部及其他中管幹部440人，其中，十八屆中央委員、中央候補委員43人，中央紀委委員9人。不敢腐的目標初步實現，不能腐的籠子越紮越牢，不想腐的堤壩正在構築，反腐敗鬥爭壓倒性態勢已經形成並鞏固發展。

同時，以習近平為核心的中共中央以巨大的政治勇氣和強烈的責任擔當，提出一系列新理念新思想新戰略，出台一系列重大方針政策，推出一系列重大舉措，推進一系列重大工作，解決了許多長期想解決而沒有解決的難題，辦成了許多過去想辦而沒有辦成的大事，推動黨和國家事業發生歷史性變革。

　　五年來的成就是全方位的、開創性的，五年來的變革是深層次的、根本性的。這些歷史性成就和歷史性變革，對中國共產黨和國家事業發展具有重大而深遠的影響，標誌着中國特色社會主義進入了新時代。

　　這個新時代，是承前啟後、繼往開來、在新的歷史條件下繼續奪取中國特色社會主義偉大勝利的時代，是決勝全面建成小康社會、進而全面建設社會主義現代化強國的時代，是全國各族人民團結奮鬥、不斷創造美好生活、逐步實現全體人民共同富裕的時代，是全體中華兒女勠力同心、奮力實現中華民族偉大復興中國夢的時代，是中國日益走近世界舞台中央、不斷為人類作出更大貢獻的時代。

　　中國特色社會主義進入新時代，在中華人民共和國發展史上、中華民族發展史上具有重大意義，在世界社會主義發展史上、人類社會發展史上也具有重大意義。它意味着近代以來久經磨難的中華民族迎來了從站起來、富起來到強起來的偉大飛躍，迎來了實現中華民族偉大復興的光明前景；意味着科學社會主義在 21 世紀的中國煥發出強大生機活力，在世界上高高舉起了中國特色社會主義偉大旗幟；意味着中國特色社會主義道路、理論、制度、文化不斷發展，拓展了發展中國家走向現代化的途徑，給世界上那些既希望加快發展又希望保持自身獨立性的國家和民族提供了全新選擇，為解決人類問題貢獻了中國智慧和中國方案。

理論創新

中共十九大立足時代和全局的高度，着眼中國特色社會主義事業長遠發展，對十八大以來中國共產黨的理論創新成果進行總結和概括，鄭重提出「習近平新時代中國特色社會主義思想」，並把這一思想寫進黨章，確立為中共的指導思想和行動指南，實現了中共指導思想的又一次與時俱進。

十八大以來，國內外形勢變化和中國各項事業發展都給我們提出了一個重大時代課題，這就是必須從理論和實踐結合上系統回答新時代堅持和發展什麼樣的中國特色社會主義、怎樣堅持和發展中國特色社會主義，包括新時代堅持和發展中國特色社會主義的總目標、總任務、總體佈局、戰略佈局和發展方向、發展方式、發展動力、戰略步驟、外部條件、政治保證等基本問題，並且要根據新的實踐對經濟、政治、法治、科技、文化、教育、民生、民族、宗教、社會、生態文明、國家安全、國防和軍隊、「一國兩制」和祖國統一、統一戰線、外交、黨的建設等各方面作出理論分析和政策指導，以利於更好堅持和發展中國特色社會主義。

圍繞這個重大時代課題，以習近平為主要代表的中國共產黨人，堅持解放思想、實事求是、與時俱進、求真務實，堅持辯證唯物主義和歷史唯物主義，緊密結合新的時代條件和實踐要求，以全新的視野深化對共產黨執政規律、社會主義建設規律、人類社會發

展規律的認識，進行艱辛理論探索，從理論和實踐結合上系統回答了新時代堅持和發展什麼樣的中國特色社會主義、怎樣堅持和發展中國特色社會主義這個重大時代課題，創立了習近平新時代中國特色社會主義思想。正是在習近平新時代中國特色社會主義思想指導下，中國共產黨領導全國各族人民，統攬偉大鬥爭、偉大工程、偉大事業、偉大夢想，推動中國特色社會主義進入了新時代。

習近平新時代中國特色社會主義思想有着豐富而深刻的理論內涵，可以集中概括為「八個明確」，這就是：

——明確堅持和發展中國特色社會主義，總任務是實現社會主義現代化和中華民族偉大復興，在全面建成小康社會的基礎上，分兩步走在本世紀中葉建成富強民主文明和諧美麗的社會主義現代化強國。

——明確新時代中國社會主要矛盾是人民日益增長的美好生活需要和不平衡不充分的發展之間的矛盾，必須堅持以人民為中心的發展思想，不斷促進人的全面發展、全體人民共同富裕。

——明確中國特色社會主義事業總體佈局是「五位一體」、戰略佈局是「四個全面」，強調堅定道路自信、理論自信、制度自信、文化自信。

——明確全面深化改革總目標是完善和發展中國特色社會主義制度、推進國家治理體系和治理能力現代化。

——明確全面推進依法治國總目標是建設中國特色社會主義法治體系、建設社會主義法治國家。

——明確黨在新時代的強軍目標是建設一支聽黨指揮、能打勝仗、作風優良的人民軍隊，把人民軍隊建設成為世界一流軍隊。

——明確中國特色大國外交要推動構建新型國際關係，推動構

建人類命運共同體。

——明確中國特色社會主義最本質的特徵是中國共產黨領導，中國特色社會主義制度的最大優勢是中國共產黨領導，黨是最高政治領導力量，提出新時代黨的建設總要求，突出政治建設在黨的建設中的重要地位。

全面準確貫徹落實習近平新時代中國特色社會主義思想，必須做到以下 14 個「堅持」：堅持黨對一切工作的領導；堅持以人民為中心；堅持全面深化改革；堅持新發展理念；堅持人民當家作主；堅持全面依法治國；堅持社會主義核心價值體系；堅持在發展中保障和改善民生；堅持人與自然和諧共生；堅持總體國家安全觀；堅持黨對人民軍隊的絕對領導；堅持「一國兩制」和推進祖國統一；堅持推動構建人類命運共同體；堅持全面從嚴治黨。

這「十四個堅持」涵蓋堅持黨的領導和全面從嚴治黨，涵蓋「五位一體」「四個全面」，涵蓋國防和軍隊建設、維護國家安全、「一國兩制」和祖國統一、對外戰略，是習近平新時代中國特色社會主義思想的重要組成部分。

習近平新時代中國特色社會主義思想，以新的歷史站位、宏闊視野、戰略眼光，反映了時代發展變化的豐富內涵，以邏輯嚴密、系統完整、相互貫通的思想體系，回應了堅持和發展中國特色社會主義的時代要求，為在新時代推進中國共產黨和國家事業提供了思想指導和行動指南。它開闢了馬克思主義新境界，開闢了中國特色社會主義新境界，開闢了黨治國理政新境界，開闢了管黨治黨新境界。

中共十八大以後的 5 年間，中國共產黨和國家各項事業之所以能夠開新局、謀新篇，根本就在於有習近平新時代中國特色社會主

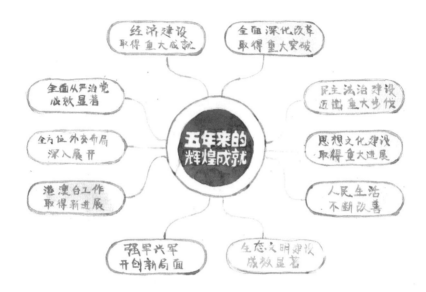

◎ 十八大到十九大五年間的輝煌成就

義思想的科學指引。

　　習近平新時代中國特色社會主義思想是對馬克思列寧主義、毛澤東思想、鄧小平理論、「三個代表」重要思想、科學發展觀的繼承和發展，是馬克思主義中國化最新成果，是中國共產黨和人民實踐經驗和集體智慧的結晶，是中國特色社會主義理論體系的重要組成部分，是全黨全國人民為實現中華民族偉大復興而奮鬥的行動指南，必須長期堅持並不斷發展。

戰略安排

　　中國共產黨人的初心和使命，就是為中國人民謀幸福，為中華民族謀復興。這個初心和使命是激勵中國共產黨人不斷前進的根本動力。

　　中共十九大進一步明確了新時代中國共產黨的歷史使命，指出：實現偉大夢想，必須進行偉大鬥爭，建設偉大工程，推進偉大事業，這是時代發展給中國共產黨提出的新使命。中國共產黨深刻認識到，中華民族偉大復興絕不是輕輕鬆鬆、敲鑼打鼓就能實現的，必須準備付出更為艱巨、更為艱苦的努力。

　　歷史已經並將繼續證明，沒有中國共產黨的領導，民族復興必然是空想。中共要始終成為時代先鋒、民族脊梁，始終成為馬克思主義執政黨，必須深入推進黨的建設新的偉大工程，更加自覺地堅定黨性原則，勇於直面問題，敢於刮骨療毒，消除一切損害黨的先進性和純潔性的因素，清除一切侵蝕黨的健康肌體的病毒，不斷增強黨的政治領導力、思想引領力、群眾組織力、社會號召力，確保中國共產黨永葆旺盛生命力和強大戰鬥力。

　　中國特色社會主義是改革開放以來黨的全部理論和實踐的主題，是黨和人民歷盡千辛萬苦、付出巨大代價取得的根本成就。中國特色社會主義道路是實現社會主義現代化、創造人民美好生活的必由之路，中國特色社會主義理論體系是指導黨和人民實現中華民

族偉大復興的正確理論，中國特色社會主義制度是當代中國發展進步的根本制度保障，中國特色社會主義文化是激勵全黨全國各族人民奮勇前進的強大精神力量。必須繼續統籌推進「五位一體」總體佈局、協調推進「四個全面」戰略佈局，堅定道路自信、理論自信、制度自信、文化自信，既不走封閉僵化的老路，也不走改旗易幟的邪路，保持政治定力，堅持實幹興邦，始終堅持和發展中國特色社會主義。

為了順利實現新時代中國共產黨的歷史使命，中共十九大對開啟全面建設社會主義現代化國家新征程作出戰略安排。

關於新時代中國特色社會主義發展的戰略安排，大會分析指出：

從現在到 2020 年，是全面建成小康社會決勝期。需要按照十六大、十七大、十八大提出的全面建成小康社會各項要求，緊扣中國社會主要矛盾變化，統籌推進經濟建設、政治建設、文化建設、社會建設、生態文明建設，堅定實施科教興國戰略、人才強國戰略、創新驅動發展戰略、鄉村振興戰略、區域協調發展戰略、可持續發展戰略、軍民融合發展戰略，突出抓重點、補短板、強弱項，特別是要堅決打好防範化解重大風險、精準脫貧、污染防治的攻堅戰，使全面建成小康社會得到人民認可、經得起歷史檢驗。

從中共十九大到二十大，是「兩個一百年」奮鬥目標的歷史交匯期。中共既要全面建成小康社會、實現第一個百年奮鬥目標，又要乘勢而上開啟全面建設社會主義現代化國家新征程，向第二個百年奮鬥目標進軍。

綜合分析國際國內形勢和中國發展條件，從 2020 到本世紀中葉可以分兩個階段來安排：

第一個階段，從 2020 年到 2035 年，在全面建成小康社會的基礎上，再奮鬥 15 年，基本實現社會主義現代化。到那時，中國經濟實力、科技實力將大幅躍升，躋身創新型國家前列；人民平等參與、平等發展權利得到充分保障，法治國家、法治政府、法治社會基本建成，各方面制度更加完善，國家治理體系和治理能力現代化基本實現；社會文明程度達到新的高度，國家文化軟實力顯著增強，中華文化影響更加廣泛深入；人民生活更為寬裕，中等收入群體比例明顯提高，城鄉區域發展差距和居民生活水平差距顯著縮小，基本公共服務均等化基本實現，全體人民共同富裕邁出堅實步伐；現代社會治理格局基本形成，社會充滿活力又和諧有序；生態環境根本好轉，美麗中國目標基本實現。

第二個階段，從 2035 年到本世紀中葉，在基本實現現代化的基礎上，再奮鬥 15 年，把中國建成富強民主文明和諧美麗的社會主義現代化強國。到那時，中國物質文明、政治文明、精神文明、社會文明、生態文明將全面提升，實現國家治理體系和治理能力現代化，成為綜合國力和國際影響力領先的國家，全體人民共同富裕基本實現，中國人民將享有更加幸福安康的生活，中華民族將以更加昂揚的姿態屹立於世界民族之林。

戰略部署

　　中共十九大對繼續推進新時代中國特色社會主義作出戰略部署，強調指出，實現「兩個一百年」奮鬥目標、實現中華民族偉大復興的中國夢，必須從以下幾個方面做出新的努力：

　　一要堅定不移把發展作為黨執政興國的第一要務，貫徹新發展理念，建設現代化經濟體系。以供給側結構性改革為主線，推動經濟發展質量變革、效率變革、動力變革。加快建設創新型國家，實施鄉村振興戰略和區域協調發展戰略。加快完善社會主義體制，推動形成全面開放新格局。

　　二要健全人民當家作主制度體系，發展社會主義民主政治。推進社會主義民主政治制度化、規範化、程序化，保證人民依法通過各種途徑和形式管理國家事務，管理經濟文化事業，管理社會事務，鞏固和發展生動活潑、安定團結的政治局面。堅持黨的領導、人民當家作主、依法治國有機統一，加強人民當家作主制度保障，發揮社會主義協商民主重要作用，深化依法治國實踐，深化機構和行政體制改革，鞏固和發展愛國統一戰線，把中國社會主義民主政治的優勢和特點充分發揮出來，為人類政治文明進步作出充滿中國智慧的貢獻。

　　三要堅定文化自信，激發全民族文化創新創造活力，推動社會主義文化繁榮興盛，建設社會主義文化強國。堅持為人民服務、

為社會主義服務，堅持百花齊放、百家爭鳴，堅持創造性轉化、創新性發展，不斷鑄就中華文化新輝煌。牢牢掌握意識形態工作領導權，培育和踐行社會主義核心價值觀，加強思想道德建設、繁榮發展社會主義文藝、推動文化事業和文化產業發展。

四要始終把人民利益擺在至高無上的地位，讓改革發展成果更多更公平惠及全體人民，朝着實現全體人民共同富裕不斷邁進。完善公共服務體系，保障群眾基本生活，不斷滿足人民日益增長的美好生活需要。不斷促進社會公平正義，形成有效的社會治理、良好的社會秩序，使人民獲得感、幸福感、安全感更加充實、更有保障、更可持續。優先發展教育事業，提高就業質量和人民收入水平，加強社會保障體系建設。堅決打贏脫貧攻堅戰，實施健康中國戰略，打造共建共治共享的社會治理格局，有效維護國家安全。

五要加快生態文明體制改革，建設美麗中國。牢固樹立社會主義生態文明觀，推動形成人與自然和諧發展現代化建設新格局。堅持節約優先、保護優先、自然恢復為主的方針，還自然以寧靜、和諧、美麗。推進綠色發展，着力解決突出環境問題，加大生態系統保護力度，改革生態環境監管體制，牢固樹立社會主義生態文明觀，推動形成人與自然和諧發展現代化建設新格局。

六要堅持走中國特色強軍之路，全面推進國防和軍隊現代化。全面貫徹新時代黨的強軍思想，貫徹新形勢下軍事戰略方針，建設強大的現代化陸軍、海軍、空軍、火箭軍和戰略支援部隊。打造堅強高效的戰區聯合作戰指揮機構，構建中國特色現代作戰體系，擔當起黨和人民賦予的新時代使命任務。適應世界新軍事革命發展趨勢和國家安全需求，提高建設質量和效益，確保到 2020 年基本實現機械化，信息化建設取得重大進展，戰略能力有大的提升。同國家

現代化進程相一致，全面推進軍事理論現代化、軍隊組織形態現代化、軍事人員現代化、武器裝備現代化，力爭到 2035 年基本實現國防和軍隊現代化，到本世紀中葉把人民軍隊全面建成世界一流軍隊。

七要全面準確貫徹「一國兩制」「港人治港」「澳人治澳」、高度自治的方針，嚴格依照憲法和基本法辦事，完善與基本法實施相關的制度和機制。支持特別行政區政府和行政長官依法施政、積極作為，團結帶領香港、澳門各界人士齊心協力謀發展、促和諧，保障和改善民生，有序推進民主，維護社會穩定，履行維護國家主權、安全、發展利益的憲制責任。支持香港、澳門融入國家發展大局，以粵港澳大灣區建設、粵港澳合作、泛珠三角區域合作等為重點，全面推進內地同香港、澳門互利合作，制定完善便利香港、澳門居民在內地發展的政策措施。發展壯大愛國愛港愛澳力量，增強香港、澳門同胞的國家意識和愛國精神，讓香港、澳門同胞同祖國人民共擔民族復興的歷史責任、共享祖國繁榮富強的偉大榮光。繼續堅持「和平統一、一國兩制」方針，推動兩岸關係和平發展，推進祖國和平統一進程。堅決維護國家主權和領土完整，絕不容忍國家分裂的歷史悲劇重演。

八要堅持和平發展道路，推動構建人類命運共同體。高舉和平、發展、合作、共贏的旗幟，恪守維護世界和平、促進共同發展的外交政策宗旨，推動建設相互尊重、公平正義、合作共贏的新型國際關係。構建人類命運共同體，建設持久和平、普遍安全、共同繁榮、開放包容、清潔美麗的世界。堅持以對話解決爭端、以協商化解分歧，統籌應對傳統和非傳統安全威脅，反對一切形式的恐怖主義。尊重世界文明多樣性，以文明交流超越文明隔閡、文明互鑒超越文明衝突、文明共存超越文明優越。堅持環境友好，合作應對

氣候變化，保護好人類賴以生存的地球家園。堅持對外開放的基本國策，堅持打開國門搞建設，積極促進「一帶一路」國際合作，努力實現政策溝通、設施聯通、貿易暢通、資金融通、民心相通，打造國際合作新平台，增添共同發展新動力。加大對發展中國家特別是最不發達國家援助力度，促進縮小南北發展差距。堅持同舟共濟，促進貿易和投資自由化便利化，推動經濟全球化朝着更加開放、包容、普惠、平衡、共贏的方向發展，支持多邊貿易體制，促進自由貿易區建設，推動建設開放型世界經濟。中國將繼續發揮負責任大國作用，積極參與全球治理體系改革和建設，不斷貢獻中國智慧和力量。

黨建引領

★

中國特色社會主義進入新時代，世情、國情、黨情也在繼續發生着深刻的變化。中共十九大科學分析國際國內形勢和黨面臨的新環境、新任務、新考驗，深刻闡述了黨在新時代的歷史使命，提出了新時代黨的建設總要求。

從國際環境看，和平、發展、合作、共贏成為時代潮流，但不穩定不確定因素增多。一大批新興市場國家和發展中國家走上發展的快車道，幾十億人口正在加速走向現代化，多個發展中心在世界各地區逐漸形成，國際力量對比繼續朝着有利於世界和平與發展的方向發展。同時，隨着金融危機的影響持續深入，世界格局發生深刻變化，全球性挑戰有增無減。地緣政治衝突更加頻繁，國際反恐形勢持續嚴峻，網絡空間治理規則之爭更加激烈。世界經濟長期低迷，已進入深度轉型調整期，不穩定不確定因素增多，復蘇面臨更多的不確定性。

從國內發展看，中國特色社會主義進入新時代，中國社會主要矛盾也在發生重大而深刻的變化，已經從「人民日益增長的物質文化需要同落後的社會生產之間的矛盾」轉化為「人民日益增長的美好生活需要和不平衡不充分的發展之間的矛盾」。這是中共十九大從中國發展新實際和所處的歷史新方位出發作出的重大判斷，改變了自 1956 年中共八大時起對中國社會主要矛盾的基本認識和提法。

作出這一改變的理由是，經過近 40 年的改革開放，中國穩定解決了十幾億人的溫飽問題，總體上實現小康，不久將全面建成小康社會，人民美好生活需要日益廣泛，不僅對物質文化生活提出了更高要求，而且在民主、法治、公平、正義、安全、環境等方面的要求日益增長。同時，中國社會生產力水平總體上顯著提高，社會生產能力在很多方面進入世界前列，更加突出的問題是發展不平衡不充分，這已經成為滿足人民日益增長的美好生活需要的主要制約因素。

以上情況表明，中國社會主要矛盾的變化是關係全局的歷史性變化，對黨和國家工作提出了許多新要求，必須在繼續推動發展的基礎上，着力解決好發展不平衡不充分問題，大力提升發展質量和效益，更好滿足人民在經濟、政治、文化、社會、生態等方面日益增長的需要，更好推動人的全面發展、社會全面進步。

從黨情變化看，中共面臨的「趕考」遠未結束。習近平總書記指出：「中國特色社會主義最本質的特徵就是堅持中國共產黨的領導，中國特色社會主義制度的最大優勢是中國共產黨的領導。堅持和完善黨的領導，是黨和國家的根本所在、命脈所在，是全國各族人民的利益所在、幸福所在。」經過 98 年的奮鬥和發展，如今中共已成為世界上規模最大的執政黨。但是，中共面臨的執政考驗、改革開放考驗、市場經濟考驗、外部環境考驗是長期的、複雜的，中共面臨的精神懈怠危險、能力不足危險、脫離群眾危險、消極腐敗危險是尖銳的、嚴峻的，黨內存在的思想不純、組織不純、作風不純等突出問題尚未得到根本解決，黨增強自我淨化、自我完善、自我革新、自我提高能力變得更加重要和緊迫。特別是深入推進全面從嚴治黨，對黨的建設理論創新和實踐創新都提出了許多新課題和新要求。這一切都要求中共堅持問題導向，保持戰略定力，推動全

面從嚴治黨向縱深發展。

　　總之，在這樣的時代背景下，如何統籌好國內國際兩個大局，在世界格局大變動中掌握主動、贏得優勢，迫切需要以大智慧、大戰略來運籌；如何把握發展機遇、破解發展難題，實現更高質量、更有效率、更加公平、更可持續的發展，迫切需要有新的理念、新的佈局來引領；如何管好黨治好黨，始終保持黨的先進性和純潔性，確保中共在中國特色社會主義事業中的領導核心地位，對中共提出了更高要求。中共十九大對此作出了鮮明回答，深刻闡述了新時代中共的歷史使命和中共建設總要求。

　　為此，十九大報告提出了新時代中共的建設總要求，這就是：堅持和加強黨的全面領導，堅持黨要管黨、全面從嚴治黨，以加強黨的長期執政能力建設、先進性和純潔性建設為主線，以黨的政治建設為統領，以堅定理想信念宗旨為根基，以調動全黨積極性、主動性、創造性為着力點，全面推進黨的政治建設、思想建設、組織建設、作風建設、紀律建設，把制度建設貫穿其中，深入推進反腐敗鬥爭，不斷提高黨的建設質量，把黨建設成為始終走在時代前列、人民衷心擁護、勇於自我革命、經得起各種風浪考驗、朝氣蓬勃的馬克思主義執政黨。

　　根據新時代黨的建設總要求，十九大對黨的建設重點任務從八個方面作出戰略部署，為推動全面從嚴治黨向縱深發展指明了方向，為繼續推進新時代中國特色社會主義額提供了政治和組織保障。這些部署是：要把黨的政治建設擺在首位；要用新時代中國特色社會主義思想武裝全黨；要建設高素質專業化幹部隊伍；要加強基層組織建設；要持之以恆正風肅紀；要奪取反腐敗鬥爭壓倒性勝利；要健全黨和國家監督體系；要全面增強執政本領。

偉大的事業必須有堅強的黨來領導。只要中國共產黨把自身建設好、建設強，確保黨始終同人民想在一起、幹在一起，就一定能夠煥發新氣象、展示新作為，也一定能夠引領承載着中國人民偉大夢想的航船破浪前進，勝利駛向光輝的彼岸。

追夢路上

　　中華民族是歷經磨難、不屈不撓的偉大民族，中國人民是勤勞勇敢、自強不息的偉大人民，中國共產黨是敢於鬥爭、敢於勝利的偉大政黨。歷史車輪滾滾向前，時代潮流浩浩蕩蕩。歷史只會眷顧堅定者、奮進者、搏擊者，而不會等待猶豫者、懈怠者、畏難者。

　　中共十九大以後，在以習近平為核心的中共中央堅強領導下，全黨全軍全國各族人民認真貫徹落實習近平新時代中國特色社會主義思想和中共十九大十九屆二中、三中全會精神，高舉中國特色社會主義偉大旗幟，銳意進取，埋頭苦幹，以時不我待、只爭朝夕的精神繼續團結奮鬥，在決勝全面建成小康社會、開啟全面建設社會主義現代化國家新征程上邁出新的步伐。

　　2018 年 1 月 18 日至 19 日，中共十九屆二中全會在北京舉行。全會專題研究修改憲法問題，審議通過了《中共中央關於修改憲法部分內容的建議》。全會一致認為，中共十九大和十九屆一中全會以來，在以習近平為核心的中共中央堅強領導下，全黨全國把學習宣傳貫徹黨的十九大精神作為首要政治任務，深入開展多種形式的學習宣傳活動，興起了學習貫徹十九大精神、習近平新時代中國特色社會主義思想熱潮，為貫徹落實十九大提出的各項戰略決策和工作部署提供了強大精神動力，全黨全國各族人民思想更加統一、信心更加堅定、行動更加有力，黨和國家各項事業呈現欣欣向榮的發展

局面。

憲法修改是國家政治生活中的一件大事，是中共中央從新時代堅持和發展中國特色社會主義全局和戰略高度作出的重大決策，也是推進全面依法治國、推進國家治理體系和治理能力現代化的重大舉措。十三屆全國人大一次會議高票通過了憲法修正案，完成了憲法修改的重大歷史任務，實現了中國憲法的又一次與時俱進。

憲法修正案共 21 條，包括 12 個方面：（1）確立科學發展觀、習近平新時代中國特色社會主義思想在國家政治和社會生活中的指導地位。（2）調整充實中國特色社會主義事業總體佈局和第二個百年奮鬥目標的內容。（3）完善依法治國和憲法實施舉措。（4）充實完善中國革命和建設發展歷程的內容。（5）充實完善愛國統一戰線和民族關係的內容。（6）充實和平外交政策方面的內容。（7）充實堅持和加強中國共產黨全面領導的內容。（8）增加倡導社會主義核心價值觀的內容。（9）修改國家主席任職方面的有關規定。（10）增加設區的市制定地方性法規的規定。（11）增加有關監察委員會的各項規定。（12）修改全國人大專門委員會的有關規定。

憲法修正案是一個整體，它全面體現了自上一次修憲以來中共和人民在中國特色社會主義建設和改革實踐中取得的重大理論創新、實踐創新、制度創新的成果，體現了中共依憲執政、依憲治國的理念，其核心要義和精神實質主要體現在以下方面。

憲法是國家各項制度和法律法規的總依據，充實憲法的重大制度規定，對完善和發展中國特色社會主義制度具有重要作用。修改後的憲法，更好地體現了全黨和全體人民的意志，更好地展示了中國特色社會主義制度的優勢，更好地適應了推進國家治理體系和治理能力現代化的要求，為動員和組織全國各族人民奪取新時代中國

特色社會主義偉大勝利提供有力憲法保障。

2018 年 2 月 26 日至 28 日，中共十九屆三中全會在北京舉行。全會審議通過了《中共中央關於深化黨和國家機構改革的決定》和《深化黨和國家機構改革方案》，同意把《深化黨和國家機構改革方案》的部分內容按照法定程序提交十三屆全國人大一次會議審議。全會提出，深化黨和國家機構改革的目標是，構建系統完備、科學規範、運行高效的黨和國家機構職能體系，形成總攬全局、協調各方的黨的領導體系，職責明確、依法行政的政府治理體系，中國特色、世界一流的武裝力量體系，聯繫廣泛、服務群眾的群團工作體系，推動人大、政府、政協、監察機關、審判機關、檢察機關、人民團體、企事業單位、社會組織等在中國共產黨的統一領導下協調行動、增強合力，全面提高國家治理能力和治理水平。

圍繞這些目標，《中共中央關於深化黨和國家機構改革的決定》，明確了這次深化黨和國家機構改革的主要任務，這就是：（1）完善堅持黨的全面領導的制度，加強黨對各領域各方面工作領導，確保黨的領導全覆蓋，確保黨的領導更加堅強有力。要建立健全黨對重大工作的領導體制機制，強化黨的組織在同級組織中的領導地位，更好發揮黨的職能部門作用，統籌設置黨政機構，推進黨的紀律檢查體制和國家監察體制改革。（2）轉變政府職能，優化政府機構設置和職能配置，是深化黨和國家機構改革的重要任務。要堅決破除制約使市場在資源配置中起決定性作用、更好發揮政府作用的體制機制弊端，圍繞推動高質量發展，建設現代化經濟體系，調整優化政府機構職能，合理配置宏觀管理部門職能，深入推進簡政放權，完善市場監管和執法體制，改革自然資源和生態環境管理體制，完善公共服務管理體制，強化事中事後監管，提高行政效率，全面提

高政府效能，建設人民滿意的服務型政府。（3）統籌黨政軍群機構改革，主要是統籌設置相關機構和配置相近職能，理順和優化黨的部門、國家機關、群團組織、事業單位的職責，完善黨政機構佈局，深化人大、政協和司法機構改革，深化群團組織改革，推進社會組織改革，加快推進事業單位改革，深化跨軍地改革，增強黨的領導力，提高政府執行力，激發群團組織和社會組織活力，增強人民軍隊戰鬥力，使各類機構有機銜接、相互協調。（4）理順中央和地方職責關係，更好發揮中央和地方兩個積極性。要統籌優化地方機構設置和職能配置，構建從中央到地方運行順暢、充滿活力、令行禁止的工作體系，中央加強宏觀事務管理，地方在保證黨中央令行禁止前提下管理好本地區事務，賦予省級及以下機構更多自主權，合理設置和配置各層級機構及其職能，增強地方治理能力，加強基層政權建設，構建簡約高效的基層管理體制。（5）推進機構編制法定化。要完善黨和國家機構法規制度，依法管理各類組織機構，加快推進機構、職能、權限、程序、責任法定化，全面推行政府部門權責清單制度，規範和約束履職行為，讓權力在陽光下運行，強化機構編制管理剛性約束，加大機構編制違紀違法行為查處力度。

《深化黨和國家機構改革方案》對改革的具體內容作出了詳細說明，概括起來有以下幾個方面：

（一）深化中共中央機構改革：1.組建國家監察委員會，同中央紀律檢查委員會合署辦公，實行一套工作機構、兩個機關名稱，不再保留監察部、國家預防腐敗局。2.組建中央全面依法治國委員會，辦公室設在司法部。3.組建中央審計委員會，辦公室設在審計署。4.中央全面深化改革領導小組、中央網絡安全和信息化領導小

組、中央財經領導小組、中央外事工作領導小組改為委員會。5. 組建中央教育工作領導小組，祕書組設在教育部。6. 組建中央和國家機關工作委員會，不再保留中央直屬機關工作委員會、中央國家機關工作委員會。7. 組建新的中央黨校（國家行政學院），將中央黨校和國家行政學院的職責整合，組建新的中央黨校（國家行政學院）。8. 組建中央黨史和文獻研究院，不再保留中央黨史研究室、中央文獻研究室、中央編譯局。9. 中央組織部統一管理中央機構編制委員會辦公室。10. 中央組織部統一管理公務員工作，不再保留單設的國家公務員局。11. 中央宣傳部統一管理新聞出版工作。12. 中央宣傳部統一管理電影工作。13. 中央統戰部統一領導國家民族事務委員會。14. 中央統戰部統一管理宗教工作，不再保留單設的國家宗教事務局。15. 中央統戰部統一管理僑務工作，不再保留單設的國務院僑務辦公室。16. 優化中央網絡安全和信息化委員會辦公室職責。17. 不再設立中央維護海洋權益工作領導小組，有關職責交由中央外事工作委員會及其辦公室承擔。18. 不再設立中央社會治安綜合治理委員會及其辦公室，有關職責交由中央政法委員會承擔。19. 不再設立中央維護穩定工作領導小組及其辦公室，有關職責交由中央政法委員會承擔。20. 將中央防範和處理邪教問題領導小組及其辦公室職責劃歸中央政法委員會、公安部。

（二）深化全國人大機構改革：1. 組建全國人大社會建設委員會。2. 全國人大內務司法委員會更名為全國人大監察和司法委員會。3. 全國人大法律委員會更名為全國人大憲法和法律委員會。

（三）深化國務院機構改革：1. 組建自然資源部，不再保留國土資源部、國家海洋局、國家測繪地理信息局。2. 組建生態環境部，不再保留環境保護部。3. 組建農業農村部，不再保留農業部。

4. 組建文化和旅遊部，不再保留文化部、國家旅遊局。5. 組建國家衛生健康委員會，不再保留國家衛生和計劃生育委員會，不再設立國務院深化醫藥衛生體制改革領導小組辦公室。6. 組建退役軍人事務部。7. 組建應急管理部，不再保留國家安全生產監督管理總局。8. 重新組建科學技術部，不再保留單設的國家外國專家局。9. 重新組建司法部，不再保留國務院法制辦公室。10. 優化審計署職責，不再設立國有重點大型企業監事會。11. 組建國家市場監督管理總局，不再保留國家工商行政管理總局、國家質量監督檢驗檢疫總局、國家食品藥品監督管理總局。12. 組建國家廣播電視總局，不再保留國家新聞出版廣電總局。13. 組建中央廣播電視總台，撤銷中央電視台（中國國際電視台）、中央人民廣播電台、中國國際廣播電台建制，對內保留原呼號，對外統一呼號為「中國之聲」。14. 組建中國銀行保險監督管理委員會，不再保留中國銀行業監督管理委員會、中國保險監督管理委員會。15. 組建國家國際發展合作署。16. 組建國家醫療保障局。17. 組建國家糧食和物資儲備局，不再保留國家糧食局。18. 組建國家移民管理局。19. 組建國家林業和草原局，不再保留國家林業局。20. 重新組建國家知識產權局。21. 國務院三峽工程建設委員會及其辦公室、國務院南水北調工程建設委員會及其辦公室併入水利部，不再保留國務院三峽工程建設委員會及其辦公室、國務院南水北調工程建設委員會及其辦公室。22. 調整全國社會保障基金理事會隸屬關係，將全國社會保障基金理事會由國務院管理調整為由財政部管理。23. 改革國稅地稅徵管體制，將省級和省級以下國稅地稅機構合併。

（四）深化全國政協機構改革：1. 組建全國政協農業和農村委員會。2. 全國政協文史和學習委員會更名為全國政協文化文史和學習

委員會。3. 全國政協教科文衛體委員會更名為全國政協教科衛體委員會。

（五）深化行政執法體制改革：1. 整合組建市場監管綜合執法隊伍。2. 整合組建生態環境保護綜合執法隊伍。3. 整合組建文化市場綜合執法隊伍。4. 整合組建交通運輸綜合執法隊伍。5. 整合組建農業綜合執法隊伍。

（六）深化跨軍地改革：1. 公安邊防部隊改制，公安邊防部隊不再列武警部隊序列，全部退出現役。2. 公安消防部隊改制，公安消防部隊不再列武警部隊序列，全部退出現役。3. 公安警衛部隊改制，公安警衛部隊不再列武警部隊序列，全部退出現役。4. 海警隊伍轉隸武警部隊。5. 武警部隊不再領導管理武警黃金、森林、水電部隊。6. 武警部隊不再承擔海關執勤任務。

（七）深化群團組織改革。健全黨委統一領導群團工作的制度，緊緊圍繞保持和增強政治性、先進性、群眾性這條主線，強化問題意識，以更大力度、更實舉措推進改革，着力解決「機關化、行政化、貴族化、娛樂化」等問題，把群團組織建設得更加充滿活力、更加堅強有力。

（八）深化地方機構改革。堅持加強黨的全面領導，堅持省市縣統籌、黨政群統籌，根據各層級黨委和政府的主要職責，合理調整和設置機構，理順權責關係，改革方案按程序報批後組織實施。

截至 2018 年年底，中國共產黨和國家機構改革的各項工作順利完成。

12 月 18 日，中共中央在人民大會堂隆重舉行慶祝改革開放 40 周年大會。習近平總書記在會上發表重要講話，回顧改革開放 40 年的光輝歷程，總結改革開放的偉大成就和寶貴經驗，動員全黨全國

各族人民在新時代繼續把改革開放推向前進，為實現「兩個一百年」奮鬥目標、實現中華民族偉大復興的中國夢不懈奮鬥。

習近平總書記指出：建立中國共產黨、成立中華人民共和國、推進改革開放和中國特色社會主義事業，是五四運動以來中國發生的三大歷史性事件，是近代以來實現中華民族偉大復興的三大里程碑。改革開放40年來，從開啟新時期到跨入新世紀，從站上新起點到進入新時代，40年風雨同舟，40年披荊斬棘，40年砥礪奮進，我們黨引領人民繪就了一幅波瀾壯闊、氣勢恢宏的歷史畫卷，譜寫了一曲感天動地、氣壯山河的奮鬥讚歌。黨的十八大以來，黨中央以巨大的政治勇氣和智慧，提出全面深化改革總目標是完善和發展中國特色社會主義制度、推進國家治理體系和治理能力現代化，着力增強改革系統性、整體性、協同性，着力抓好重大制度創新，着力提升人民群眾獲得感、幸福感、安全感，推出1600多項改革方案，啃下了不少硬骨頭，闖過了不少急流險灘，改革呈現全面發力、多點突破、蹄疾步穩、縱深推進的局面。

習近平總書記強調：「40年春風化雨、春華秋實，改革開放極大改變了中國的面貌、中華民族的面貌、中國人民的面貌、中國共產黨的面貌。中華民族迎來了從站起來、富起來到強起來的偉大飛躍！中國特色社會主義迎來了從創立、發展到完善的偉大飛躍！中國人民迎來了從溫飽不足到小康富裕的偉大飛躍！中華民族正以嶄新姿態屹立於世界的東方！」「建成社會主義現代化強國，實現中華民族偉大復興，是一場接力跑，我們要一棒接着一棒跑下去，每一代人都要為下一代人跑出一個好成績。」

2018年，也是全面貫徹中共十九大精神開局之年。

這一年，中國發展面臨多年少有的國內外複雜嚴峻形勢，經濟

出現新的下行壓力。在以習近平為核心的中共中央堅強領導下，全國各族人民以習近平新時代中國特色社會主義思想為指導，砥礪奮進，攻堅克難，完成全年經濟社會發展主要目標任務，決勝全面建成小康社會又取得新的重大進展。

這一年，中國國內生產總值增長 6.6%，總量突破 90 萬億元。經濟結構不斷優化，服務業對經濟增長貢獻率接近 60%，高技術產業、裝備製造業增速明顯快於一般工業，「嫦娥四號」等一批重大科技創新成果相繼問世。重點領域改革邁出新的步伐，對外開放全方位擴大，共建「一帶一路」取得重要進展。首屆中國國際進口博覽會成功舉辦，海南自貿試驗區啟動建設。三大攻堅戰開局良好，尤其是精準脫貧有力推進，農村貧困人口減少 1386 萬，易地扶貧搬遷 280 萬人。人民生活持續改善，居民人均可支配收入實際增長 6.5%，提高個人所得稅起徵點，設立 6 項專項附加扣除。加大基本養老、基本醫療等保障力度，資助各類學校家庭困難學生近 1 億人次。棚戶區住房改造 620 多萬套，農村危房改造 190 萬戶。城鄉居民生活水平又有新提高。

這一年，中國特色大國外交取得新成就。成功舉辦博鰲亞洲論壇年會、上合組織青島峰會、中非合作論壇北京峰會等重大主場外交活動。習近平主席等國家領導人出訪多國，出席亞太經合組織領導人非正式會議、二十國集團領導人峰會、金磚國家領導人會晤、亞歐首腦會議、東亞合作領導人系列會議等重大活動。同主要大國關係總體穩定，同周邊國家關係全面發展，同發展中國家團結合作紐帶更加牢固。推動構建新型國際關係，推動構建人類命運共同體。堅定維護國家主權、安全、發展利益。經濟外交、人文交流成果豐碩。中國致力於促進世界和平與發展，作出了世人共睹的重要

貢獻。

成績來之不易。國際上經濟全球化遭遇波折，國際金融市場震盪，特別是中美經貿摩擦給一些企業生產經營、市場預期帶來不利影響。國內經濟轉型陣痛凸顯，新老矛盾交織，周期性、結構性問題疊加，經濟運行穩中有變、變中有憂，特別是兩難多難問題增多，實現穩增長、防風險等多重目標，完成經濟社會發展等多項任務，處理好當前與長遠等多種關係，政策抉擇和工作推進的難度明顯加大。

然而，經過全國上下共同努力，中國經濟發展在高基數上總體平穩、穩中有進，社會大局保持穩定。這再次表明，在中國共產黨領導下，中國人民有戰勝任何艱難險阻的勇氣、智慧和力量，中國的發展沒有過不去的坎！

2019 年，是中華人民共和國成立 70 周年。

習近平主席在新年賀詞中說：2019 年，我們將隆重慶祝中華人民共和國 70 周年華誕。70 年披荊斬棘，70 年風雨兼程。人民是共和國的堅實根基，人民是我們執政的最大底氣。一路走來，中國人民自力更生、艱苦奮鬥，創造了舉世矚目的中國奇跡。新征程上，不管亂雲飛渡、風吹浪打，我們都要緊緊依靠人民，堅持自力更生、艱苦奮鬥，以堅如磐石的信心、只爭朝夕的勁頭、堅韌不拔的毅力，一步一個腳印把前無古人的偉大事業推向前進。放眼全球，我們正面臨百年未有之大變局。無論國際風雲如何變幻，中國維護國家主權和安全的信心和決心不會變，中國維護世界和平、促進共同發展的誠意和善意不會變。我們將積極推動共建「一帶一路」，繼續推動構建人類命運共同體，為建設一個更加繁榮美好的世界而不懈努力。

2019 年，也是全面建成小康社會、實現第一個百年奮鬥目標的

關鍵之年。

　　為確保實現中共中央提出的這個目標，李克強總理在 2019 年 3 月舉行的十三屆全國人大二次會議上作的《政府工作報告》中說：綜合分析國內外形勢，今年中國發展面臨的環境更複雜更嚴峻，可以預料和難以預料的風險挑戰更多更大，要做好打硬仗的充分準備。困難不容低估，信心不可動搖，幹勁不能鬆懈。中國發展仍處於重要戰略機遇期，擁有足夠的韌性、巨大的潛力和不斷迸發的創新活力，人民群眾追求美好生活的願望十分強烈。我們有戰勝各種困難挑戰的堅定意志和能力，經濟長期向好趨勢沒有也不會改變。各級政府要樹牢「四個意識」，堅定「四個自信」，堅決做到「兩個維護」，自覺在思想上政治上行動上同以習近平為核心的中共中央保持高度一致，落實全面從嚴治黨要求，紮實開展「不忘初心、牢記使命」主題教育，勇於自我革命，深入推進簡政放權，加快轉職能、提效能，增強政府公信力和執行力，更好滿足人民對美好生活的新期待。

　　他還說，中國改革發展的巨大成就，是廣大幹部群眾篳路藍縷、千辛萬苦幹出來的。實現「兩個一百年」奮鬥目標，成就中國人民的幸福與追求，還得長期不懈地幹，努力幹出無愧於人民的新業績，幹出中國發展的新輝煌。

　　行百里者半九十。中華民族偉大復興絕不是輕輕鬆鬆、敲鑼打鼓就能實現的。我們必須準備付出更為艱巨、更為艱苦的努力。決勝全面建成小康社會、奪取新時代中國特色社會主義偉大勝利，把中國建設成為富強民主文明和諧美麗的社會主義現代化強國、實現中華民族偉大復興的中國夢，前途光明，道路曲折。我們應有信心，我們更要艱苦奮鬥、不懈奮鬥。